21世纪高等学校**市场营销**系列教材

微信营销与运营

策略、技巧与案例

WeChat Marketing and Operations

杜一凡 陈志轩 主编   黄晓 谢宏武 副主编

人民邮电出版社

北 京

图书在版编目（ＣＩＰ）数据

微信营销与运营：策略、技巧与案例 / 杜一凡，陈
志轩主编. -- 北京：人民邮电出版社，2017.11（2018.6重印）
21世纪高等学校市场营销系列教材
ISBN 978-7-115-46821-5

Ⅰ．①微… Ⅱ．①杜… ②陈… Ⅲ．①网络营销－高
等学校－教材 Ⅳ．①F713.365.2

中国版本图书馆CIP数据核字(2017)第246331号

内 容 提 要

　　本书针对当前火爆的微信营销，展开了全面、具体、专业的论述。本书分 3 篇共 7 章，
内容分别为微信营销概论、微信群养护、微信成交话术、微信公众号营销、微店微商城营
销、微信二维码营销、不同行业的微信营销案例分析。每章中都设有学前引导、案例分析、
本章思考题和实战训练等栏目，以帮助读者深化理解微信营销的相关知识。

　　本书适合从事企业营销和微信营销传播实践工作的人员阅读，也可作为本科院校及高
职高专院校市场营销类、企业管理类、商业贸易类、电子商务类等专业的微信营销课程的
教学用书。

◆ 主　　编　杜一凡　陈志轩
　　副主编　黄　晓　谢宏武
　　责任编辑　孙燕燕
　　责任印制　焦志炜

◆ 人民邮电出版社出版发行　　北京市丰台区成寿寺路 11 号
　　邮编　100164　　电子邮件　315@ptpress.com.cn
　　网址　http://www.ptpress.com.cn
　　大厂聚鑫印刷有限责任公司印刷

◆ 开本：700×1000　1/16
　　印张：12.75　　　　　　　2017 年 11 月第 1 版
　　字数：192 千字　　　　　2018 年 6 月河北第 2 次印刷

定价：36.00 元

读者服务热线：(010)81055256　印装质量热线：(010)81055316
反盗版热线：(010)81055315
广告经营许可证：京东工商广登字 20170147 号

Preface 前言

微信在诞生的短短几年里，不仅在移动互联网领域创造了全新的增长记录，还覆盖了中国绝大部分智能手机，呈现出爆炸式的发展势头。根据腾讯企鹅智酷发布的最新报告——《2017 微信用户&生态研究报告》显示，截至2016 年 12 月，微信月活跃用户数量达到 8.89 亿，公众号总数达到 1 000 万个，而微信支付用户的数量更是达到了 6 亿。

如今，微信和每位网络用户的日常生活产生了紧密联系，具有强黏度的圈子特点和巨大的社会影响力。在这种情况下，对于企业的管理者、营销者，甚至只是具有创业意向的普通人来说，他们都可以从中挖掘出巨大的营销价值，进而实现事业上的成功。

对于营销者来说，微信不仅是与客户进行联系的工具，还是营销的平台。在这个平台上，营销者可以大力推广品牌、扩大产品形象，引发更多粉丝的关注与分享，产生病毒传播的效应，从而成功拓展企业的影响力圈子。而对于创业者来说，他们可以充分利用微信营销成本低、操作方便、营销方向精准等特点，实现快速盈利的目的，从而在最大限度上增加创业成功的可能性。

本书的特点归纳如下。

（1）更具现代感。本书一改其他微信营销图书过于死板、强调理论的局限性，采用朴实的语言和更容易让读者理解与接受的方式为大家讲解，内容与当下微信营销知识紧密结合，更具现代感。

（2）更具实用性。很多微信营销的书侧重新概念、新理论的介绍，知识体系较完备。相对而言，本书编者紧跟行业趋势，更注意讲解微信营销的实战细节，内容更侧重应用性和实用性。

（3）更具操作性。本书每章末都设置了案例分析、本章思考题和实战训练，让读者在学习借鉴的同时，从自身角度入手，对接形成实践操作体系；通过探讨学习，读者可充分掌握微信营销的方法和技巧，并形成自己的感悟。

　　总之，本书不但为读者提供了全面、科学的微信营销知识，而且能够帮助他们有效利用微信平台，充分满足客户的需求，实现企业的盈利目标。

　　本书由杜一凡、陈志轩任主编，黄晓、谢宏武任副主编，具体分工如下：杜一凡负责编写第 1 章、第 3 章；陈志轩负责编写第 2 章、第 5 章；黄晓负责编写第 6 章；谢宏武负责编写第 4 章、第 7 章。全书由杜一凡统稿。

　　本书在编写过程中，得到诸多朋友帮助，还参考了许多学者的研究成果，在此表示诚挚感谢。

编　者
2017 年 6 月

Contents 目录

入门篇

策略与技巧篇

实践篇

第7章 不同行业的微信营销案例分析 ············ 160

入门篇

CHAPTER

1

第1章
微信营销概论

 学前引导

1. 了解微信的基本概念。

2. 了解微信的版本变化和特点。

3. 了解微信中蕴含的营销价值。

4. 掌握微信平台的各类功能。

5. 掌握利用微信进行营销和盈利的具体方法。

6. 掌握微信营销前的准备步骤。

1.1　什么是微信

　　微信是什么？有的人说，微信是通信工具，可以发短信、语音聊天，还可以互相通视频；有的人说，微信是交友工具，通过"摇一摇""漂流瓶""附近的人"等功能就能认识各种各样的人；有的人说，微信是移动钱包，买东西方便又省钱；还有的人说，微信就是一个 App，打车、订餐、预约……用起来超级省事。当然，这些看法都没错。但是，综合来看我们不难发现，这些看法只是将微信当作一种"生活用品"，拿来解决一些琐碎的事情。而对于想要通过微信赚钱的人来说，就要将目光穿透这些表面，认识更深层次的微信。

从营销者的角度来看，微信是一个拥有多重"身份"的"人"，了解它的多面性，有助于我们更好地掌握微信营销的技巧，如图1-1所示。

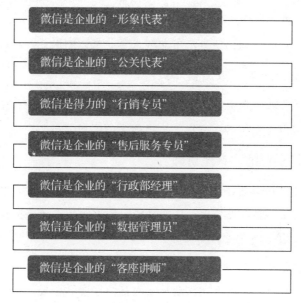

图 1-1 微信的"角色"示意图

1. 微信是企业的"形象代表"

微信的主要任务就是彰显企业品牌文化。有时候，它还要站在官方立场发布一些重要决策，因此要以庄重、正式等基调为主，避免哗众取宠。

2. 微信是企业的"公关代表"

微信除了承担向客户推送产品信息、与同行合作互推、开展营销活动等任务外，企业在遇到突发事件时，还可以通过微信及时采取有效的应对措施。因此，营销者要具备敏锐的市场洞察力、强大的执行能力，这样才能充分发挥微信的公关价值。

3. 微信是得力的"行销专员"

微信能够实现打广告、扩大产品宣传等营销目的。鉴于此，营销者可以借助微信平台展开多种营销活动。

4. 微信是企业的"售后服务专员"

利用微信的功能，营销者可以负责解决客户的问题、搜集客户反馈等任务；还可以通过微信平台建立良好的客户关系，这对企业的长远发展具有重要意义。

5. 微信是企业的"行政部经理"

微信对传播企业文化具有重要影响。另外，营销者也可以借助"企业周年庆"等特殊日子开展营销活动，使客户主动融入企业文化中来。

6. 微信是企业的"数据管理员"

微信主要任务就是为企业建立客户数据库。营销者可以根据后台数据统计分析，维系现有客户并发掘潜在客户，打造庞大的客户群。

7. 微信是企业的"客座讲师"

微信能够凭借精彩的评论分析，为企业吸引一大批关注者。此外，营销者若是能在微信平台上分享一些企业、品牌背后鲜为人知的小故事，不仅能让品牌形象深入人心，还可以增加客户的黏度。

这些都是微信潜在的营销"身份"，同时也是其基本营销功能的体现。用营销者的眼光来看待微信，那么在移动互联网日益发展的今天，微信将成为培养客户、抢占市场的得力助手和低成本营销利器。

1.2 微信版本功能变化

微信版本经历了多次的更新，在其更新版本中也出现了很多新功能。当微信6.1 版本出现之后，微信平台的主要功能都已出现。本书在介绍微信营销的各种方法和策略时，针对的就是微信 6.1 及之后版本。下面我们就来看一下微信版本的功能更新历史，以及这些新功能的主要特点，如图 1-2 所示。

【微信 6.1 版本简介】

微信 6.1 版本不仅强化了红包功能（附件栏发红包）和搜索功能（搜索附近餐馆、搜索朋友圈信息），还可以满足用户保存自定义表情的需求。当用户更换手机时，表情包可以同步保存起来，真是非常方便。

从图 1-2 所述版本功能的变化中，我们不难看出微信平台的不断完善，而且在其发展过程中，微信的各项新功能不断贴近用户需求，有效提升了用户的体验感。

微信2.0版本	•增加语音对讲特色功能
微信2.3版本	•增加"查看附近的人"特色功能
微信3.0版本	•增加"漂流瓶"和"摇一摇"特色功能
微信3.5版本	•增加"二维码"特色功能
微信4.0版本	•增加相册特色功能
微信4.2版本	•增加视频通话特色功能
微信4.5版本	•增加语音群聊特色功能
微信5.0版本	•增加在朋友圈分享信息功能和收藏功能
微信6.1版本	•增加附件栏发红包功能，可以搜索朋友圈最近内容、附近餐馆
微信6.3版本	•可以同时把聊天记录转发给很多好友
微信6.5版本	•能够将相册中的视频分享到朋友圈中

图 1-2　微信版本的功能变化图

1.3　微信营销的适用范围

无论何时，我们都应该用客观的心态来看待新事物的发展，根据自身的实际情况来理性分析利弊。在这里，大家可以从下面这些方面来判断自己是否适合做微信营销，如图 1-3 所示。

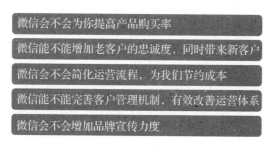

微信会不会为你提高产品购买率

微信能不能增加老客户的忠诚度，同时带来新客户

微信会不会简化运营流程，为我们节约成本

微信能不能完善客户管理机制，有效改善运营体系

微信会不会增加品牌宣传力度

图 1-3　是否适合做微信营销判断图

1. 微信会不会为你提高产品购买率

营销的最终目的说白了就是赚钱，如果微信没有使我们的订单增加，那么这

种营销模式对我们来说就是无用的。与其花钱做白工,还不如将钱投到其他能够获利的地方。

2. 微信能不能增加老客户的忠诚度,同时带来新客户

维系老客户最好的一个办法就是提高用户体验,让老客户享受更好的服务。如果微信能够做到这一点,并在增加老客户订单的基础上还发掘出了新客户,那么它对我们来说就是有用的。

3. 微信会不会简化运营流程,为我们节约成本

相信每一个营销者都希望用最简单、最省钱的方式来提高收益。如果微信实现了这一目标,那么我们就可以用省下来的时间、精力去研究其他的赚钱方法,从而拓宽自己的营销之路。

4. 微信能不能完善客户管理机制,有效改善运营体系

如果微信能为我们带来有价值的用户反馈,并为我们建立起明晰的客户数据库,从而帮助我们改善运营体系,那么就说明我们适合做微信营销。

5. 微信会不会增加品牌宣传力度

"品牌效应"的影响力是有目共睹的,若是微信营销不能实现扩大品牌宣传的目的,或是起到了负面宣传的作用,那么它对我们来说就不是一种好的营销方式。

可以说,只要能够实现上述 5 个主要方面中的任何一个,那么我们就能够做微信营销。需要注意的是,在运营前期,微信营销带来的效果可能没有我们预想的那么大,这需要营销者保持良好的耐心,并结合自身的特点不断改进运营方式。

1.4　微信营销的实用价值

1.4.1　创建稳固的客户群

在移动互联网时代,"互动"是营销的必要手段,只有和客户建立起关系,了解客户的心声,营销之路才能走得长远。众所周知,微信"出道"的时候

走得就是"社交工具"的路线。这一基本功能恰好体现了它最大的营销价值：真正实现了与客户一对一沟通，而且私密性极强。营销者若是能够合理运用这一功能，那么完全可以通过微信创建稳固的客户群，为自己奠定坚实的营销基础。

1.4.2　信息投放精准

不少人喜欢拿微博和微信做比较，认为微博消息转发率高，其信息曝光率也会很高，但事实并非如此。要知道，转发率和曝光率并不是成正比的。因为并不是所有人都会关注信息内容，有时候人们只是单纯地转发，而根本不去阅读信息内容，这就谈不上曝光率了。微信则不同，它可以直接将信息推送到用户面前，曝光率与投放率几乎是100%，这一点是微博无法比拟的。

1.4.3　开启多元化销售渠道

相信不少人有过这样的经历，走在大街上，突然被强行塞了一张小广告，这种感觉往往让人十分恼火。许多传统营销模式就是如此，它们在没有得到用户许可的情况下，常常强行向用户推送广告，完全不考虑用户需不需要。这种"扰民"的方式对营销的长远发展十分不利。而微信则规避了这一缺陷，因为微信公共账号是不能主动添加用户的，也就是说，用户选择的通常就是自己需要的，这就为公共账号开启了一条畅通的销售渠道。营销者可以根据用户的需求不断完善自我，从而开启多元化的营销模式。

1.4.4　低投入、高收益

广告向来是营销过程中不可或缺的一环，其费用往往也是一笔不小的开支。有时候广告虽然做得好，但是推广效果和收益并不理想，而微信则解决了这一弊端。在微信上，我们可以选择多种广告形式，如文字、图片、图文混搭、视频、语音等，只要消耗一点点流量，我们就可以将这些广告精准地投放到用户的手机上，用最少的投入，实现最高的广告曝光率。不仅如此，微信简单实用的功能还大大降低了技术要求，让大众也能轻松实现低投入和高收益。

1.5　微信功能模式

1.5.1　"扫一扫"和"摇一摇"

微信中有一个很有趣的功能——"扫一扫"。借助这一个功能，人们可以扫描二维码、条码、封面、街景和翻译。微信营销中之所以要注重二维码推广，就是基于"扫一扫"这一功能。若是能够激发人们广泛使用这一功能，那么"扫一扫"将会带来不可小觑的营销价值。

除了"扫一扫"，微信中的"摇一摇"也是一个十分有趣的功能。它之所以吸引人，是因为其带有一定的不确定性。当用户摇动自己的手机时，手机会自动为其匹配此时此刻同样也在摇手机的人，这个人可能近在眼前，也可能远在天边，这能激发起用户强烈的好奇心。如果我们能够巧妙运用这一功能，产品曝光率将会得到进一步的提升。

那么，应该如何借助"摇一摇""扫一扫"来增加产品曝光率呢？我们可以从以下两个方面入手，如图 1-4 所示。

图 1-4　"扫一扫"和"摇一摇"活动特点示意图

1. 创意性

无论是开展"摇一摇"活动，还是"扫一扫"活动，大家都要注重活动的创意性。和其他的微信功能稍有不同，"摇一摇""扫一扫"本身带有一点游戏的意味，因此活动的创意性越高，人们"玩游戏"的欲望通常也会越强烈。而参与的人多了，营销活动才会顺利展开。

2. 价值性

除了足够吸引人外，实际利益通常也是吸引人们参与活动的因素之一。在活动内容的设置上，大家可以在二维码中加入会员卡、促销、打折等优惠措施，还可以设置一些实惠的小礼品，让人们扫出或摇出"好处"。一般来说，有价值的活动更容易吸引用户参与，更有利于提升产品曝光率。

1.5.2 "附近的人"

在微信中，有一项能够迅速吸引客户的功能，它就是"附近的人"。这一功能融入了 LBS（定位服务），既能锁定用户自身的地理位置，同时也可以定位周边一定范围内的人。"附近的人"除了拥有定位这一亮点外，还能够显示用户的名字和签名，这就为商家发掘潜在用户提供了很大便利。相信不少商家都有这样的想法 ：如果客户能够自己找上门来就好了。其实，要实现这一愿望并不是难事，只要巧妙运用"附近的人"，在店里坐等顾客也是可能的。那么，具体应该怎么做呢？其具体有以下 3 点，如图 1-5 所示。

图 1-5 "附近的人"营销方法

1. 利用签名栏打广告

虽然签名栏最多只能写 30 个字，但对于商家来说，它却是一个非常好用的 "免费广告牌"。我们可以把产品的亮点、服务、优惠等信息写在签名栏中，这样当用户在搜索"附近的人"时，就能一眼看到我们的推广信息了。当然，大家不要忘记设置醒目的头像和名字。

2. 选择恰当的时机

"附近的人"这一功能本身并不受时间限制，也就是说，我们可以 24 小时开启这一功能。然而，客户并不是每时每刻都活跃的，要想实现精准的客户定位，大家还要选择恰当的时机。我们以餐厅为例，通常情况下，中午、晚上等饭点是客户最为活跃的时刻，在这些时间段内，餐厅就可以开启"附近的人"，向周围的潜在客户打招呼，向他们推送美食信息、打折优惠等。对于一些有选择困难的人来说，这种做法往往可以起到有效的推广目的，从而吸引客户主动上门消费。

3. 广撒网、多捞鱼

如何利用"附近的人"让更多人看到自己的推广信息呢？如果有足够的时间和精力的话，大家可以尝试"游击战"的方式。在人群密集的地方开启"附近的人"，留下自己的地理位置，然后换到下一个人群密集的地方，用同样的方法留下足迹。因为就算离开了某个地方，自己的信息在一段时间内还是会留在"附近的人"当中。此外，大家也可以用多部手机开启多个小号，用同样的方式来留下自己的信息。一般来说，汽车站、商场、超市等人群密集的地方都可以尝试这种推广方式。

1.5.3 "漂流瓶"

在微信中，我们可以看到"漂流瓶"。借助这一功能，我们既可以打"免费广告"，又能将产品信息推广到许多地方，从而有效提升产品知名度。那么，"漂流瓶"怎样才能变身为有效的"免费广告"呢？大家不妨从以下方面入手，如图1-6所示。

文字有内容

巧妙使用语音信息

注重趣味性和互动性

图1-6 "漂流瓶"营销方法示意图

1. 文字有内容

发送文字信息是"漂流瓶"最常用的功能之一，若想借助"漂流瓶"来推广产品信息，大家就要保证文字有内容。这里所说的内容是指客户需求，只要能满足客户需求或让用户觉得有利可图，那么我们的营销推广就算完成了一半。在设置文字信息时，大家除了要体现出产品亮点外，还可以附上"关注我们，好礼相送"这样有吸引力的信息，这样不仅能实现产品推广的目的，还可以有效"吸粉"，增加关注度。

2. 巧妙使用语音信息

微信"漂流瓶"除了可以发送文字信息外，还可以录制语音信息。和文字相比，语音给人的感觉更亲近，而且用户在捞到瓶子时，往往会出于好奇而点击语音，这样可以增加信息的曝光度。

3. 注重趣味性和互动性

"漂流瓶"的一大特色就是没有地域限制，若是将微信活动融入"漂流瓶"中，那么其产生的效果将会呈现多个覆盖点，可以让更多地区的人了解产品信息。需要注意的是，"漂流瓶"的使用数量是有限的。一般来说，每个用户每天可以使用 20 个"漂流瓶"，不过微信官方可以修改瓶子参数，增加瓶子被捞到的概率。

1.5.4 "朋友圈"

在任何一种营销方式中，口碑都是一个不容忽视的方面。它与产品质量、营销服务、企业形象等息息相关，对营销成败有直接的影响。在微信中，朋友圈就是开展口碑营销的重要阵地，如果某个公众账号的产品信息能够在这个圈子中被数次分享，那么它将会获得一大批关注。不过，朋友圈又是一个十分敏感的地带，营销者一定要拿捏好推广方式。那么，我们应该如何借助朋友圈开展口碑营销呢？其具体有以下几点，如图 1-7 所示。

图 1-7 朋友圈口碑营销示意图

1. 用产品质量说话

俗话说，"酒香不怕巷子深"，一个产品的好口碑从何而来？质量绝对是不容忽视的因素之一。因此，要想在朋友圈中树立好口碑，我们首先要确保自己的产品质量过关，这样做起微信营销来也会更有底气。

2．明确销售类型

朋友圈毕竟是一个小圈子，要想在这个圈子中将口碑树立起来，就要做得"精"。所以，在刚开始做微信营销时，不要好高骛远，最好明确一个销售方向，从单一的产品类型做起。通常情况下，小而精的东西更容易受到人们关注，更有利于产品推广。

3．做好服务

相信许多人都有这样的感受：去饭店吃饭，宁可选择服务好、价格稍贵的店，也不愿去服务差、价格便宜的地方。正是因为人们有注重服务这一心理，所以在做微信营销时，大家要为用户提供贴心的服务，如送货上门、赠送小礼品、为用户解决心理疑虑等。

4．从熟人中收获第一桶金

有道是"兔子不吃窝边草"，然而在微信营销中，这句话要换一种说法，改成"兔子要吃窝边草"。尤其对于那些刚开始做微信营销、粉丝还不算多的人来说，向朋友圈中的熟人推广产品不失为一个营销妙法。这就需要营销者了解朋友圈的需求。例如，朋友圈中的目标人群有多少、大家喜欢什么样的东西、对价格有什么要求等。然后，根据目标人群的意向推送相关产品。一般来说，在熟人中树立口碑，更便于产品推广。

5．杜绝刷屏现象

在朋友圈中做生意，最令人反感的一件事就是狂刷屏。因此，我们每天尽量只在圈中发送一次商品推荐，一次性展示出产品的亮点，若是能够加入别出心裁的创意就再好不过了。这样既不会给朋友带来视觉污染，避免被拉黑的危险；而且还会激发朋友的好奇心，吸引朋友关注。

1.5.5 "微信支付"

与刚"出道"的时候相比，微信已经不单单是一个扩大交际圈的社交应用了。随着支付功能的出现，它俨然成了一款袖珍的应用商店：既能为人们提供各种资讯、服务，又可以让大家在上面玩游戏、买东西。这就为我们做微信营销进一步拓宽了财路。因此，我们若想进一步提升微信营销的"吸金"力度，就要抓住微信支付这一商机。那么，具体应该怎么做呢？其主要有以下3个方面，如图1-8所示。

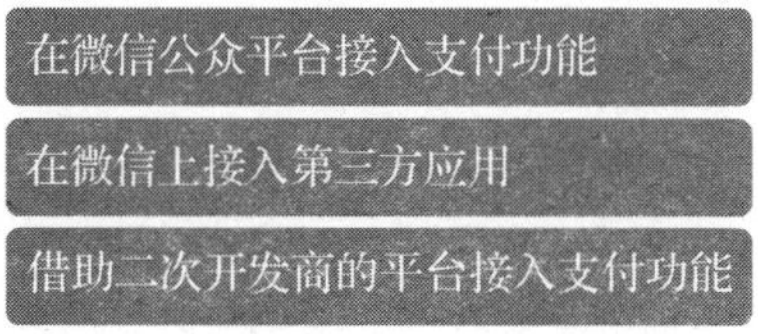

在微信公众平台接入支付功能

在微信上接入第三方应用

借助二次开发商的平台接入支付功能

图1-8　微信支付的开通方法

1. 在微信公众平台接入支付功能

这种开通支付的方法比较权威，适用于通过微信认证的服务号，而且需要支付一定的金额。公众账号需要向微信官方提出开通微信支付的申请，在各项手续办理妥当后，接入开发模式，然后根据自身需要来设置支付功能。

2. 在微信上接入第三方应用

目前，市面上有许多具有支付功能的第三方应用，将此类应用接入微信，用户在点击支付时，可以跳转到此类应用的支付平台，从而完成支付。需要注意的是，大家在选择第三方应用时，最好选择信誉度好的产品。

3. 借助二次开发商的平台接入支付功能

随着微信营销不断升温，市面上出现了一些微信二次开发企业，这些企业能够自主开发公众平台，为商家提供一个支付平台。大家借助此类企业，在开发模式中嵌入支付功能。

无论选择哪种方式来开发支付功能，大家都要注意两个问题：一个是资金安全问题；另一个是用户体验问题。只有首先保证这两点没问题，后续的营销工作才能顺利开展。

1.6　微信商业模式

1.6.1　O2O 模式

线上到线下（Online to Offline，O2O）电商模式进入移动互联网的标志是：

腾讯花重金打造的微信支付全面上线，并与线下场景融合在一起，在微信支付基础上开发的微信"刷卡"功能，使得微信充分具备了进入线下市场的能力；再者，微信的卡包功能在实际上实现了类似钱包的支付方式，最终实现商户与用户在微信支付上的O2O消费闭环。

O2O 线上线下相结合的微商模式将会在不久后崛起，而且这种模式会呈现出本地化服务的特点。微商时代的到来变革了传统商业模式，因此它的影响和意义都很深远，微商们不应该仅仅把自己定位在一个在微信平台上或是微信朋友圈中卖东西的人，而应该把自己定位成为一个移动服务商。这个移动服务商能解决线下终端用户群体之间存在的信息不对称问题。实际上，立足移动电商平台的微商应该是一个桥梁，发挥着沟通和匹配市场信息的巨大作用，如图 1-9 所示。

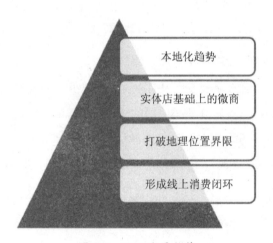

图 1-9　O2O 发展趋势

1. 本地化趋势

在微商本地化的趋势下，营造一个好的口碑是铺路石，无信用不微商，能发展起来的行业普遍都很重视自己的口碑和信用。如果将这种信用本地化，让你附近的人都信任我们的产品，那么你就会慢慢地赢得良好的口碑。我们知道在一些发达国家，诸如北欧和北美都活跃着一些本土化的名牌。它们安居一隅不求建立全球名牌，但是它们的产品的质量和做工毫不逊色于大品牌，还有着鲜明的个性，而且在本地人中有着不错的口碑。做微商也是同样的道理，他们不需要把自己的品牌或者规模做得多大，只要在自己周围的一片区域内发展到极致就够了。

2. 实体店基础上的微商

实体店基础上的微商，更具有优势，其既能通过好的地段销货也能在线上售卖，而且在线上售卖更容易取得粉丝的信任。做实体经营的商家，如果能把线下经营模式与微商经营模式相结合，一边利用店铺售货一边通过微信接受订单，双管齐下，一定会让店铺的业绩倍增。

3. 打破地理位置界限

地理位置曾经是一个影响商业发展的重要因素。一个好地段的商铺其商品销售量要远远大于处在不利地段的商铺，但是在互联网上，人流对地段的依赖性就没那么大了。以微信为代表的移动互联网出现后进一步弱化了位置的重要性。实际上，微商平台的发展，为有创业梦想的年轻人创造了机会。他们在微商平台上，可以与实力强大的商业巨头们相对公平地竞争，这不仅增加了他们创业成功的机会，而且在某种程度上促进了社会的新陈代谢。

4. 形成线上消费闭环

线上和线下的价值传递是 O2O 的核心价值。只有将线上和线下的需求与价值进行传递，打通实体和虚体，这笔交易才能形成一个闭环，从而产生价值。

1.6.2 B2C 模式

企业到用户（Business to Customer，B2C）的电子商务模式，一般以网络零售业为主，主要借助 Internet 开展在线销售活动。运营 B2C 模式的主要是企业服务号，类似京东微店、微信小店、口袋通等。企业只有在微信上开通微信支付才能开通店铺，而开通微信支付的店铺需要出具相关的企业注册证明，因此个人是无法开通的。我们一般认为 B2C 模式是一种粉丝经济模式。下面是互联网平台上 B2C 交易流程的示意图，如图 1-10 所示。

商家的主要价值体现在卖家和消费者之间的共鸣上，这种共鸣指的是他们对商品品位和商品审美观念上的一致看法。有了商家和消费者之间的共鸣，双方就容易产生信任，而在信任的基础上，B2C 模式就很容易形成。

图 1-10　B2C 交易流程的示意图

在 B2C 模式成熟运用的基础上，商家的货源供应系统会与传统的电商模式和实体销售模式保持一致，开发出各种渠道、各种来源的厂商。此时，微商也就会按照"虾米→小鱼→大鱼"这样的转换模式去发展，由个体户上升到小团队，最终形成规模化的集团公司。

B2C 模式下的商家交易会有一个安全的交易系统，这个交易系统能对商品交易的每个环节进行有效监控。在这个平台上，平台管理方会在产品上架之前对该产品的来源、质量等基础问题进行全面的审查筛选，因此 B2C 平台上的产品和服务都比较可靠。

在应对社会化客户关系管理上，借助微信公众平台，企业能更深入地、范围更广地与粉丝交流，维护好客户关系。B2C 模式还可以透过第三方平台来引流，将散布在微博、QQ 空间、贴吧中的流量引导到微信平台上来。

1.6.3　C2B 模式

消费者到企业（Customer to Business，C2B）电子商务模式主打的经营理念是"小而美"。例如，消费者在订购 iPad mini 时，可以根据个人喜好决定产品背面所刻的字符，而企业则负责满足消费者的个性化需要。我们可以看到，微信平台本身就是一款精致打造、理念先进的移动端社交产品。因此，C2B 模式下的产品更适合在微商平台上运作，它能与微商这个平台保持高程度的和谐。而且，对于那些没有相应标准，未呈现一定规模的"小产品"来说，利用这个模式更容易寻找到适合它的潜在客户。

【"小而美"的 C2B 产品】

"小而美"的产品,有着其独特的特点,它可以是某个深藏多年的食品秘方,也可以是一些民间手艺人的精湛手工作品。当然,也会有些道德缺失的不法商户借机销售假冒伪劣的货品,但是这种情况毕竟是少数,消费者只要擦亮眼睛就能辨别出来。由此我们也可以从中得出一个经验,即重视产品口碑,依靠口碑传播来实现精准营销。

在 C2B 模式下生存的小微商们主要存在的问题如下:(1)产品品质低,同质化严重。因为他们的供货渠道有限,很多微商都是从同一个上线拿的货,这就造成他们的产品在市场上没有竞争力,最后很多产品甚至都是微商自己消化的。(2)在利润额方面,小微商们手中的定价权可使用范围十分狭窄,没有多大的利润空间,其盈利的方式主要依靠批量售卖,这也导致他们流失掉很多客户。(3)在线上交易方面,小微商的商业信誉和社交资源意识很淡薄,认为只要能够将手中的积压产品分销出去,什么手段都是可以用的。当然,这样使用这种极端手法的人并不多,这种营销其实是一种变相传销;还有一些依靠在朋友圈暴力刷屏来拉高销量。这种做法一方面确实能卖出去一些产品,但另一方面我们可以看到,朋友圈中的很多人都会选择将之屏蔽,因此这种做法不利于微商长远的发展。

利用朋友圈销售产品的小微商们,就是微信生态系统培育出来的"小而美"的商业细胞。虽然,他们依靠朋友圈,消费自己的人际关系来销售产品盈利,偏离了正常的商业发展套路,没有建立实体店,更没有自己的工厂,卖出的产品有些都不经自己的手,类似于俗称的"以空卖空"。但是,我们必须承认这些"小细胞"的存在活跃了微商市场,为"正规军"的进入充当了先锋。

1.6.4　F2F 模式

面对面(Face to Face,F2F)营销模式其实很常见,只不过传统 F2F 需要商家与客户提前约定时间、地点,当面进行交谈;而在微信营销中,我们只要在微信上与客户一对一沟通即可。这就为买卖双方节省了许多烦琐的细节,有助于商家提高营销效率。那么,F2F 互动模式应注意哪些方面呢?其主要有以下两点,如图 1-11 所示。

图 1-11　F2F 模式示意图

1. 沟通机制

众所周知，微信最大的特色之一就是私密性，这就为我们提供了一个与客户沟通的绝佳平台。在微信上，我们可以设置定期或不定期的沟通机制，灵活运用文字、语音、视频等多种功能，借助微信平台的自动回复或自定义菜单打开沟通渠道。

2. 客户调研

我们既可以自主设计调查问卷，在微信平台上发起投票；也可以借助第三方应用进行客户调研。为了激发用户的参与积极性，我们可以开展有奖客户调研。当然，客户调研的目的是与客户建立更紧密的联系，因此在调研后期我们需认真分析、整理用户反馈，并针对客户的疑问给出合理的解决方案。

1.6.5　CRM 模式

客户关系管理（Customer Relationship Management，CRM）是微信营销中一个至关重要的组成部分，直接影响着营销的成败。

【服装店的 CRM】

一位客户到某服装店买衣服，第一次购物时，店家将客户的姓名、电话等基本信息，以及衣服、裤子、鞋子的尺码一并记录在 CRM 客户信息中。当客户第二次到店购物时，不需要客户多说，店家就能为客户推荐尺码合适的服装。

这种服务不仅节省了客户时间，还为客户带来宾至如归的感觉，这对提升客户忠诚度具有显著的作用。

因此，在开展微信营销的时候，我们必须注重开发微信 CRM 系统。下面，我们就详细介绍几种开发 CRM 系统的方法，如图 1-12 所示。

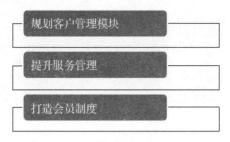

图 1-12　开发 CRM 系统的方法

1．规划客户管理模块

客户管理模块的主要内容有做好客户信息登记、明确客户分类、关注客户日常动态等方面。商家可以通过微信会员卡来获取客户基本信息，如姓名、职业、联系电话等，还可以通过微信地理定位获取客户的位置信息；然后根据客户的互动、消费情况、喜好等特点将客户分成不同的等级类别，根据不同的粉丝建立目标客户、潜在客户等客户类型。此外，商家还可以通过微信后台记录粉丝关注或取消关注的时间、微信互动频率、阅读次数等，建立粉丝周期管理，这种方式有助于商家制定并完善客户服务。

2．提升服务管理

服务管理要以细致、实用、全面等为原则，除了日常的信息推送外，商家还可以设置一对一互动、客户反馈平台等，与客户及时互动，并根据客户需求打造更贴心的服务。在一对一互动的时候，商家不妨开发一个语音呼叫板块，用语音与客户沟通，这样更容易拉近客户关系。

3．打造会员制度

会员制度是巩固客户关系、实现营销收益的一大法宝，像演员陈坤的微信账号、作家南派三叔的微信账号都是典型的代表。商家可以通过第三方应用专门设置这样的板块，并为会员提供专属特权，这样就能体现品牌影响力，同时还能培养客户的忠诚度，有助于商家完善 CRM 机制。

1.6.6　直销模式

在发达完善的社交平台基础上，直销模式借助信用代理机制，很可能会孕育出惊人的变异。直销模式的主要任务就是不断地发展下线。QQ、微信、陌陌等这些社交工具为直销发展下线的工作提供了便利。这些社交工具不仅能为发展下线引流，还能起到很好的监督和管理作用。例如，分别建立不同层次的群组，把不同的人群划分进去，定期在群中举行会议；或者也可以建立群汇报机制，让大家在群中汇报各自的工作，这样就把分布在各地的成员聚拢到了一起。

1.6.7　分销模式

分工专业化的分销模式与社会化的分销模式一致。形成社会化分销的微商还很稀少，主要有 3 类：包括拍拍微店、口袋购物和第三方服务平台。所谓专业化分销模式主要就是在用户之间形成一种良好的购物习惯，即互相推荐品质优良的产品、分享产品信息、闲暇时交流讨论各种商品。这种习惯的形成关键在于商家的引导，他们在为用户构建产品评论平台的同时，也让商家能了解用户的真实需求，从而为实现精确营销打下基础。

专业化的分销模式主要有以下几种。

1.　基于微信平台的分销系统

微信平台的分销系统对塑造微商有着重要的作用。

（1）后台管理系统在上下级别微商之间形成，这种系统的形成让处在上游的总部、总代理和处在中游、下游的中级代理分销商、微商营销终端都能可视化。

（2）分销系统占据着优势资源。它能提供微店界面，而微店界面是下级分销商和末端微商们急需的。因为微店界面能使朋友圈购物显得更正规，更具有电商化特点。

（3）微信的分销系统另一个显著的特点就是，可以不用硬性地让下级分销商囤货。因为它具备上级代发的功能，这就为那些兼职微商们创造了条件，他们可以更自由灵活地进行兼职活动。

2.　类似淘宝客模式的分销方式

我们可以这样来理解这种模式：在微商的平台上，只要你是用户，你就可以借助这个平台来向其他人介绍某款商品的信息，以此来获得返利。例如，你在微商平台上购买了一件衣服，觉得还不错，就把含有这个商品信息的链接分享到朋友圈或者 QQ 空间等其他社交平台。如果商家通过你分享的这个链接而获得了订单，那么你就能从中抽取一定的利润。

3. 会员分销模式

会员分销模式可以这样来理解：消费者只需要在某个微店中消费一次就会成为该店的终身会员，再在会员的基础上发展成为下级分销商。当然，如果该消费者能为微店拉来更多的订单，就会升级为高级会员，享受更大的购物折扣或者获得分红。

1.6.8 电购模式

很多电视购物的从业者，在微信分销中引入了电视购物的模式，进而形成了一种全新的分销模式，那就是"电视购物+微商"模式。这种模式一般分为以下两种，如图 1-13 所示。

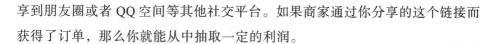

电视直销模式
- 通过与媒体进行合作，在电视广告中推销自身产品，而消费者就是观看此类广告的观众
- 选择具有独特价值的新奇产品，产品价值优势明显
- 采用密集播放的形式，产品曝光率较高
- 具有快、狠、准的销售特点，但需要投入大量资金

家庭购物频道模式
- 电视台成为商店，消费者可以在观看节目过程中进行下单购买
- 电视台全程参与，保障产品的质量和相关服务，信誉度较高。这是该模式的最大优势，可以在极大程度上提升消费者的满意度

图 1-13 电视购物+微商模式示意图

家庭购物频道具有相对稳定的媒体资源，用户基数较大，而且基本能够保障 24 小时不间断播出。如果产品得到电视用户认可，就能够产生增加销售量

的效果。

1.6.9 微商+电商模式

微商+电商模式，是目前微信营销行业的一个发展方向。对于微商和传统电商来说，这是一种利用双方功能性和销售模式上的差异，达到优势互补的效果，从而实现快速发展的有效途径，如图 1-14 所示。

图 1-14 微商+电商模式

1. 功能互补

微商依托于微信平台，其特点是可以实现随时随地的互动交流，容易与客户建立较为牢靠的朋友关系，投入成本较低；传统电商则依托于 PC 端平台，界面容量大，在数据收集和运算速度上具有较大优势。根据上述描述能够看出：微商可以依靠其社交优势，在移动端充当引流渠道，将流量引入 PC 端；而传统电商则可以借助其容量大、综合性强的优点，做销售平台，容纳和消化微商带来的流量，从而创造最大化的收益。这种情况对微商和传统电商都有好处，能够利用双方的不同优势，达到功能性互补的效果。

2. 销售模式互补

微商在产品的选择上，往往选择单一品牌的单一产品，采取垂直化销售策略，这是由移动端碎片化经营和智能手机软硬件功能限制决定的，很难得到改变。而传统电商网站则没有这种限制，它们往往是采取综合化的销售模式，尽可能增加产品的数量和种类，以求满足更多客户的购买需要。

微商的垂直化经营，可以对单一品牌进行深挖细掘，以便更好更快地建立品牌优势；而传统电商的综合化模式，虽然在经营范围上具有优势，但是在单一品牌的经营和推广环节很难达到极致。这两种不同的特点为两者间的销售模式提供了很好的互补途径。

总而言之，微信营销的未来发展绝不是要颠覆或打败传统电商，而是要建立与传统电商的合作关系，从而达到优势互补效果的新模式。

1.6.10　微商+实体模式

微信营销者往往更看重移动端的线上交易，认为线上交易才是其经营的重点。这种看法固然没错，但是对于微信营销者来说，如果能在做线上交易的同时，将视线及时投入线下实体店，采取微商+实体的经营模式，将会起到优化经营模式，拓展更多客户的效果，从而使微信营销取得更好的发展。

一般来说，微商+实体模式分为以下两种情况，如图 1-15 所示。

图 1-15　微商+实体模式

1.　合作模式

合作模式是指微信营销者与实体店进行合作，从而达成双赢的经营模式。这种模式适合大多数微信营销者使用，优点是投入成本较少、见效快。其具体合作方式是实体店中悬挂和印刷微信营销者二维码，供进店顾客扫描关注；而微信营销者则在线上推广实体店信息，引导客户去实体店进行线下消费等。

2.　自营模式

自营模式是指微信营销者自己创建线下实体店，通过线上和线下活动进行双向引流的经营模式。这种模式的好处是能够在最大限度上满足顾客对于不同交易方式的需求，从而达到增加顾客黏性的目的。目前某些实体店经营者就在尝试此种模式，如北极熊家纺就是在拥有自身实体店的同时，入驻北极熊网上商城，并在朋友圈中推送实体店产品的相关信息。

需要注意的是，自营模式一般适合资金实力较强的微信营销者和本身拥有实体店的经营者使用。如果微信营销者处于初创业的阶段，而且自身实力不强，则应该更多考虑与其他实体店开展合作的合作模式。

1.6.11　组合圈模式

所谓组合圈模式就是将几种不同的商业模式融合在一起，如"O2O 与 C2B"

两种模式组合使用。传统行业转型做电商，O2O 模式的使用是必不可少的。O2O 模式现在几乎成了微商的一个新的代名词，但是单纯地使用 O2O 模式，无法令传统企业走出在微商平台上的困局，所以必须要有相应的互动性来策应这种新模式。

处在转型初期的传统行业，对于微商这种新的商业模式还不适应，如何促使传统企业能更快地适应这种新模式，这就需要从"O2O+C2B"的线上线下互动模式入手。O2O 模式能沟通线上和线下，将处在不同平台的流量引流到微店。C2B 模式可以把朋友圈作为引流的主阵地，充分挖掘朋友圈的人脉关系，构建出一个在社交关系基础上的购物模式，让微商的粉丝群体不断扩大，并增强粉丝对微商的依赖性。

微商的发展趋势是由人数众多的个人与个人（Customer to Customer，C2C）间的微商，向 B2C 以企业或团体机构形式存在的微商方向发展。C2C 微商创业对成本和专业技术的要求不高，确实适合个人创业。但是，C2C 存在的许多缺陷对它构成了致命伤，因为 C2C 上的小商户居多，他们没有可靠的货源支撑，也没有有效的监管机制。这导致产品的质量难以得到保证，一旦产品出现质量问题，消费者就难以维权。另外，C2C 微商没有统一的入口。这些大量存在的缺陷就决定了它不可能发展成一个成熟稳定的电商模式。

从电商巨头淘宝的发展过程中我们也可以看出，从 C2C 到 B2C 是微商发展的必经之路，因为不管是淘宝还是微商最终都要取得用户的口碑，都要把满足用户的需求作为宗旨，这就决定了它们一定要走 B2C 的发展模式。由此我们可以看出，微商势必会沿着由个人向团队再向企业的这一路线发展下去。那些实力强大的厂商、品牌商在未来的微商时代一定会释放出巨大的能量。

1.7　微信自媒体模式

1.7.1　分享模式

微信营销者进入自媒体领域，就要按照自媒体的规则办事，而分享则是自媒体的一大特点。那么分享什么呢？它可以是生活感悟、专业知识、创业故事，总之一切对用户有价值，能够满足用户需求的东西，都可以成为很好的分享内容。这种分享需要长年累月的坚持，日复一日的付出，前期可能效果并不明显，但是坚持下去，回报就会显现出来，很多用户都会在这个过程中转变为忠实粉丝。例如"罗辑思维"，就是在长期坚持分享有价值、有深度的内容后，才赢得了众多粉丝的支持，成为目前互联网上具有较大影响力的知识社群。

1.7.2　长期盈利模式

长期的分享可以建立较为牢固的信任，而过早盈利的行为将会打破这种信任。所以，微信营销者在做自媒体时，一定要耐住性子，在相当长的一段时间内做到不卖货、只分享，这样才能获得广大粉丝的支持和好感，为其今后开展真正的经营活动创造信任基础。例如"茶人王心"公众号，就是一个以茶文化分享为主的自媒体平台，创始人王心在早期坚持实行不卖货、不做广告的运营方式，因此赢得了很多目标粉丝的好感和支持。

1.7.3　平台推广模式

在移动互联网时代，只有学会推广，才能将产品和自身名声真正打出去，进而形成品牌优势。对于做自媒体的微信营销者而言更是如此，无论是对于所写的文章还是自身，都需要推广。例如，今日头条、搜狐自媒体以及百度百家等，都是很好的推广平台。

1.7.4　粉丝支持模式

当做自媒体的微信营销者通过长期的分享，赢得了一大批"铁粉"的支持，并在相关行业中具有一定的话语权时，就可以考虑经营产品了。

当然，因为自媒体具有拉长线的特点，面膜、爽肤水等类的快速消费品就不是很合适的经营产品。而对于那些回头客较多，容易引发良好评价的产品，则可以根据自身情况，进行选择性经营。例如，一些水果、农产品等，一旦得到顾客的良好评价，就很容易得到他们的长期预定，也容易成为自媒体很好的经营选择。

需要注意的是，经营回头客产品最关键的一点就是产品质量要过硬，如果出现变质、口感差等质量问题，就意味着自媒体可能会失去顾客的信任，陷入失败的境地中。

1.8　微信营销前的准备工作

1.8.1　硬件准备

微信营销具有灵活、小巧和投入少的特点，它往往不需要进行固定场所的资金投入，可以节省很大一部分开支。但是，对于微信营销者来说，还有一些投资是不可省略的，硬件投入便是其中一项。接下来，我们便介绍几个微信营销者必备的硬件工具，如图 1-16 所示。

图 1-16　微信营销者必备的硬件工具

1．智能手机

智能手机具有独立的操作系统（安卓、iOS 等），可以支持多款商业软件和社交软件的应用。此外，它还具有携带方便、全天上网等优势。因此，它对微信营销者的经营活动具有很大的实用价值，是营销者不可缺少的重要营销工具。

2．便携式电脑

便携式电脑又叫作平板电脑。微信营销者在微信平台上进行经营活动时，往往会受制于手机屏幕的大小，产生不够方便的感觉。大屏幕的平板电脑就可以有效填补这个缺陷，而且可以起到保护眼睛的作用，从而提高工作效率。

3．自拍用具

随着微信营销业的发展，自拍已经成为微信营销者必要的宣传营销手段。虽然手机本身带有不少的自拍软件，但是一个出色的自拍用具能起到优化自拍效果的作用。现在市面上流行的自拍用具包括专业自拍相机、自拍杆等，微信营销者可以根据自己的需要进行购置。

4. 微型投影

微型投影又叫作迷你投影仪，是一个很重要的微信营销硬件工具。随着微信营销业的不断发展，以往的线上讲课模式已经发生了变化，出现了由线上讲课转移到线下讲课的趋势。微型投影具有方便携带和使用蓝牙连接智能机等特点，这些快捷式特点可以满足微信营销者的线下授课需要。

5. 微信打印机

微信打印机具有打印手机照片和吸引客户注意的便捷式功能，能够很好地实现微信营销者线下引流的商业目的，越来越得到微信营销者的青睐。

除了上述 5 种微商必备硬件外，还有很多其他的微信营销硬件，如蓝牙键盘、移动电源、苹果 TV 等。这些硬件各有用处，微信营销者可根据具体需要购置相关的硬件产品，以便满足自己的经营要求。

1.8.2 软件准备

对于今天的微信营销者来说，硬件需求很容易得到满足，只要投入一定量的资金就可以做到。但是软件需求却很难达到预期。各种软件为智能机提供了不同的特色功能，这些功能往往是那些硬件工具所无法具备的。接下来，我们将介绍 3 种微信营销者需要用到的软件。

1. 微信相关工具

微信相关工具是指对微信平台本身起作用的软件。这些软件可以对微信平台起到很好的优化效果。例如，微信网页版可以实现微信网上登录，提高微信营销者的工作效率；微信多开软件可以支持一个手机重复登录多个微信账号，便于微信营销者突破客户人数限制，并对客户类别做到有效管理；微信好友助手可以快速查找已将自己删除的好友名单，便于微信营销者及时清理无效客户。这些软件可以对微信营销者的经营活动起到很好的辅助作用。

2. 文字工具

微信文字工具的作用主要体现在对微信营销者所发送的编辑信息进行

装饰，使其变得更加有趣、更具实用性。比较常见的文字工具包括表情大全和语音转文字工具。表情大全中拥有许多特殊表情，它们可以修饰图文，为冷冰冰的图文信息增添生动的色彩；语音转文字工具则可以将发送人的声音转化为文字，适合于会议、休息等不适宜发送语音消息的场合，具有方便、实用的特点。这些软件工具可以使微信营销者在发送信息时，拥有更加丰富的选择。

3. 图片工具

随着社会的进步和发展，移动互联网将越来越多的人联系在一起，逐渐取代了传统的互联网互动模式，这已经成为大势所趋。这种模式具有一个很重要的特点，那就是让人们从打字时代进入看图时代。这是因为在手机这种相对较小的工具上，图片拥有得天独厚的优势，能够更好地吸引人们的注意。基于此点认识，微信营销者需要对图片的制作采取足够重视的态度，而要想制作出出色的图片，图片工具是必不可少的。例如，美图秀秀、海报工厂、连拍王以及美颜相机等，就是很好的图片优化工具。

此外，还有诸如视频工具、文件传输工具、活动工具以及营销工具等软件，微信营销者可以选择其中合适的软件工具，让它们对自己的经营活动产生积极的影响。

1.8.3　物流准备

物流准备主要体现在物流人员的配置上，而微信营销者的物流人员主要包括订单专员、配拣货专员和货物配送人员 3 种。其中，订单专员负责汇总订单信息等涉及订单处理的工作；配拣货专员负责货物的分类、上架、堆垛、包装等货物分类工作；而货物配送人员则负责货物的接收、配送、签收等工作。

物流工作是保障货物能按时到达客户手中的重要环节。物流人员在日常工作中，需要及时处理订单，汇总全部订单信息，认真检查货物的包装、分类、送货地等细节问题，做好前期的准备工作。而在配送货物途中，更要随机性检查货物的包装是否完好、货物有无损坏等问题，保证货物能够顺利、快速地送至客户手中。

1.8.4 思维准备

我们在做微信营销前，除了做好必要的技术和产品准备外，还需要树立正确的微信营销思维。微信营销思维主要包括以下 4 个方面，如图 1-17 所示。

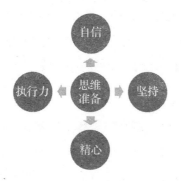

图 1-17　微信营销思维

1. 自信

有位名人说过："只有自信者才能成功。"为什么这样说？因为自信者拥有远超他人的决断力和雄心壮志，这两者使他在无形中拉开了与其他人的距离，从而更加接近成功。

自信心在微信营销中同样重要。微信营销是一个新兴产业，很多人对它缺乏必要的了解，怀着疑虑和犹豫的情绪。从业者需要建立起强大的自信心，相信微信营销巨大的发展前景，相信自己能够成功，在做工作时不为他人的意见所动。这是从事微信营销的重要前提。

2. 坚持

微信营销是一个进入门槛很低的产业，几乎每个人都有能力去做。但是，微信营销想要做好，实现经济创收，就需要一个较为漫长的积累过程。这种积累主要体现在粉丝数目的累积。只有拥有了众多支持和关注自己的粉丝，微信营销者才能做大、做强。

微信营销者若想增加粉丝数量，提升粉丝忠诚度，就要坚持在朋友圈内推送有新意的产品信息，吸引粉丝关注。这是一个长期的过程，见效较慢，短期内甚至会出现粉丝数量不变乃至减少的情况。在面对这些情况时，微信营销者需要保持一颗足够的耐心，日复一日地坚持下去，如此才能守得云开见月明。

3. 精心

人们想要做好一件事，大到建造一栋高楼，小到做一道家常菜，都需要精心。微信营销也是这样，它需要不断展现出自己优秀的一面，建立充满趣味性和内涵性的朋友圈信息，为客户提供良好的产品和优质的服务。这些东西都需要微信营销者去精心完成。微信营销者只有抱着一颗精益求精的心，不断完善产品信息和产品服务，才能将事业做好，创造良好的经济效益。

4. 执行力

微信营销者在做工作时，所有环节都要依靠自己去做，这是他人无法替代的。微信营销者哪怕有再多好的想法，如果不去实践，那也只能是一场空。所以，微信营销者必须养成良好的执行习惯，想到就要做到，不要犹豫和观望。在很多情况下，微信营销发展极快，可谓是日新月异。举棋不定的心态会使微信营销者错过很多发展机遇，蒙受巨大损失。微信营销者需要树立早行动、多行动的理念，依靠实践活动抓住微信营销发展的良好时机，收获更多利益。

上述 4 个理念对于微信营销者来说，都是极为重要的思想准备。

1.8.5　产品选择

不同的产品有不同的特点，微信虽然是一个不错的营销平台，但并不适用于所有的产品。所以，在做微信营销之前，微信营销者一定要全面分析自己的产品，看看它的特点是否与微信的售卖特点相符。下面，我们就来看一些适合在微信上销售的产品，如图 1-18 所示。

大众化的产品

受欢迎的"圈子产品"

短距离的产品

易消耗品

图 1-18　适合在微信上销售的产品

1．大众化的产品

例如，农产品、文具、鞋子、服装、化妆品等，这些都是与人们生活息息相关的产品，需求量比较大，容易受到人们的关注。需要注意的是，产品的宣传一定要符合大众口味，最好不要用生硬的广告语来推销产品，以免引起用户反感。另外，在销售前期，大家要保证充足的货源，并合理规划订单。

2．受欢迎的"圈子产品"

所谓"圈子产品"，是指朋友圈中比较盛行的产品。这种产品不一定大众化，但是在微信这个圈子中很受欢迎。例如，酒类、小饰品、化妆品等。需要注意的是，销售这类产品之前，大家要对自己的朋友圈有充分的了解，并根据朋友的喜好将他们分为不同的类型，然后针对不同的朋友销售不同的产品。

3．短距离的产品

买家在网购时，往往先看卖家所在地，优先选择同城卖家。因为这样的商品既可以减少等待的煎熬感，还可以省运费，如果有质量问题，调换起来也比较方便。所以，在微信上销售产品时，大家不妨将产品定位为短距离产品，这样可以快速吸引一些本地客户，而且同在一个地方还容易给买家一定的信任感与亲切感，更有利于产品销售。

4．易消耗品

易消耗品就是指使用周期较短，容易引发顾客反复购买的产品，如面膜、护肤品、减肥产品等，都是属于此类范畴。如果售卖此类产品，因为成本低、购买周期短等优势，很容易取得较好的售卖效果。当然，产品的质量也要过硬，最好是优质品牌产品，这样才能赢得顾客的信任，引发重复购买行为。

需要注意的是，不要将淘宝上的某些热销产品生搬硬套到微信上。因为有些产品的特点与微信本身的特色并不相符，这样的产品在微信上的销售情况通常不太乐观。

1.9 微商产业的发展史

1.9.1 野蛮阶段

微商的一大特点是去中心化，商家不再需要像传统电商那样，花费大量的时间和成本来经营流量和入口，而是把重点工作转移到经营粉丝和保障产品质量上面。另外，基于微信的移动社交功能，移动社交属性也成为微商的特点之一。因此，微商是把个人关系转化为价值的一种销售模式。基于这两大特点，最初的微商主要是通过社交圈的转发分享达到吸引粉丝、拉拢新客户、提高老客户黏性等目的的。这个阶段也就是微商的野蛮发展阶段。

除了上述两大特点，微商的零门槛、低成本、易操作等特性也是吸引大众加入微商行业的重要原因，这使得微商从一开始就进入了野蛮生长阶段，不管是从从业人数、市场成交规模还是社会关注度上来说，微商行业的发展速度都远超其他传统行业，但是由于缺乏市场的监督和法律法规的规范，微商开始走向一条混乱、无秩序的歧路，如图 1-19 所示。

朋友圈遭遇暴力刷屏

三无产品横行

图 1-19　野蛮阶段的微商产业

1. 朋友圈遭遇暴力刷屏

某些微商为了提高粉丝到客户的转化率，便采取广撒网的方式在朋友圈"暴力刷屏"，发布大量的广告信息。这样做不仅达不到预期的效果，反而会引起微信好友的反感，致使很多好友取消关注和进行屏蔽。

2. 三无产品横行

微商作为一种新兴的行业，在一开始难免会有很多做法不符合规范，甚至充斥着大量的三无产品（产地不明、成分不清、无生产日期），而相关部门对此尚未制定具体的法律法规进行规范，消费者的售后服务和维权活动得不到切实的保障。这些问题的出现，使人们对微商的认知变得恶劣，认同感很差。

在野蛮生长时期，微商最饱受争议的方面就是它的销售模式。很多微商都属于层级管理，依靠不断发展代理商的方式来获得盈利。因此，很多微商放弃了以销售产品为主的盈利方法，而是通过收取代理费，并把手中的商品统统倾销到下线代理商的方式来获取利益，所以，这些质量无保证的商品很容易被堆积在最后一层的代理商手中。不难发现，这种完全以发展代理商和收取代理费为主，通过层层剥削的销售模式和传销极为相似，而通过微信圈发展的下线一般都是自己的亲朋好友，同时这些新代理商为了取回成本更是大力发展自己的下线。这个阶段的微商通常以兼职即可、轻松赚钱等煽动性的语言为宣传口号，使很多人盲目地加入微商大军。

1.9.2　品牌阶段

随着国家监管力度的加大和平台方不断改进规则，微商行业开始一扫之前混乱、无序的局面。很多品牌微商，如韩恩、舒客、云南白药、珀莱雅等一大批传统品牌进驻微商，致使以前的小微商也纷纷醒悟，摒弃之前近乎传销、为人诟病的招代理、层层剥削模式，再次回归到主抓产品和用户服务的重点上。

品牌资源商的优势在于它依托于品牌的影响性、稀缺性，以及产品质量和售后服务的保障性，形成差异化竞争的优势，使微商行业朝着专业化、规模化的方向发展。

品牌分为自创品牌和强势品牌两种，如图 1-20 所示。

图 1-20　品牌阶段的微商产业

1. 自创品牌

我们在前面就提到过，去中心化是微商的一大特点。微信不仅仅是一个社交平台，更是一个资源传播和共享的新渠道。人们的购物行为或者喜好很容易受到周围人的影响，很大一部分用户的购买决策往往就是受到身边人的影响做出的。而微信的去中心化特点就极大地迎合了这种趋势，再加上自媒体的自传播、即时信息分享、病毒式裂变的特点，创建一个品牌的时间成本和宣传成本大大降低。这时，基于特定消费群体的小众品牌就此出现，这类自创品牌和某一个社群或群体具备相同的价值观和归属感。

2. 强势品牌

传统行业的大品牌依托于产品的过硬质量与良好的口碑，再加上之前积累的丰富的市场经验和雄厚的资本迅速在微商市场上站稳脚跟。微商的营销可以说是基于熟人圈子信任推广的一种营销方式，而产品品质、售后服务、物流配送、团队培训等业务都是很多小型团队无力支撑的。其中以"韩束"为代表，这些大品牌商在能够保证上述环节的同时，还能以其深入人心的品牌形象起到一个表率作用。对于个人来说，也可以选择成为强势品牌的大渠道合作伙伴或者是大区代理，借助品牌多年来积累的关系和强大的号召力，把品牌带入微商领域，从而快速建立起一个完整的流程渠道，抢先占据庞大的微商市场。

1.9.3　平台阶段

随着微盟 V 店、口袋微店、拍拍微店等平台微商的崛起，微商的发展又进入了下一个阶段。

微电商的平台与天猫、京东等电商平台相似，但又与它们有所区别。微电商不像传统电商那样过度依赖于平台的流量、直通车、店铺经营等，而是更依赖于微电商本身所拥有的客户数量、用户更高的复购率和用户对品牌的忠诚度，它是一个保障微商与客户交易的平台。下面以有赞为例进行说明。

有赞微店作为一个为移动零售商服务的平台，分别向各类电商、企业、品牌商和社交达人提供了不同的解决方案，并努力在消费者保障体系、粉丝营销、交易创新等方面为广大消费者、商家搭建完整的移动购物平台。

有赞完整的微店铺系统为商家提供了解决方案，商家通过有赞，可以快速、低成本地在平台上搭建微商城。有赞的店铺界面管理系统非常强大，用户可以自由定制商城界面的具体细节，它还提供了全面的商品管理系统、营销系统、会员系统、订单管理和交易系统。

案例分析：700Bike——骑行是一种生活

700Bike，是由原久邦数码开创者张向东（朝西）联合创建，是移动互联网时代下，自行车行业的杰出代表。该公司致力于给用户带来更方便、更快乐的骑行体验，以及更优化的出行方案，这已经成为一股不可忽视的时尚潮流。

700Bike在官网和微信平台上的内容打造可谓不遗余力。

在官网上，用户不仅可以了解到相关产品的性能和价格，做到选择性购买；而且可以看到很多和自行车有关的生活故事，并对此发表相关感想和体悟，从而增强情感和互动体验。在微信平台上，该公司提供了多样化的趣味板块，如酷车、装备、Lifestyle、新鲜事、图集等，并将所有内容集合起来，打造成一种独特的自行车生活方式，从而使人们爱上这种骑行生活，而不是只去购买产品。

经过出色的内容打造，700Bike成功获得了用户的认可和好感，在移动互联网时代取得了属于自己的一席之地。

【成功原因解析】

700Bike的成功，固然有很多因素的影响，但是成功的内容营销无疑是很重要的一个方面。它突破了以往单纯卖货、硬性推销的模式，而是从社群化、生活化的方向打造情感内容，一方面将自行车和现代生活方式结合起来，做到了对自行车的重新定位；另一方面则满足了相关用户对于自行车的情感需求，代表了他们追求自由和随性的生活态度。700Bike正是通过这种对自行车精神的再塑造，加强了广大用户的体验效果，赢取到他们的支持和好感，从而取得了良好的营销效果。

本章思考题

1. 在企业的营销过程中，微信担任着很多不同的角色，除了上文所讲的之外，还有哪些角色？请试着说明。

2. 试着举出几个适合用微信进行营销的行业，并分析其原因。

3. 微信营销的价值体现在哪几个方面，它们对企业的发展具有哪些好处？

4. 微信的基本功能是什么，怎样利用这些功能展开营销活动？

5. 微信的商业模式都有哪些，它们各自的优势是什么？

6. 在进行微信营销前，需要做哪些准备工作，为什么？

实战训练

中国南方航空公司十分重视微信营销，而在南航 5 大服务平台（网站、手机 App、短信、呼叫中心、微信）中，微信更是占据了举足轻重的地位。请查找资料，列举并分析南航的微信营销方法和相关服务措施。

策略与技巧篇

第 2 章
微信群养护

 学前引导

1. 了解企业创建微信群的目的。

2. 了解微信群的具体分类。

3. 掌握微信群的运营方法和管理技巧。

4. 掌握微信群的具体养护方法。

5. 掌握微信群的群内岗位设置及其目的。

6. 掌握运营微信群时的错误做法和有关忌讳。

2.1 微信群的创建目的

微信群是腾讯公司推出的微信多人聊天交流工具，是微信用户在大量碎片化的时间里聚集形成的社交化社区。微信群多是由一群具有共同价值观、共同需求以及共同目标的人组合而成的聚合体。微信营销者如果可以利用好微信群，并通过发布共享图片、网址、视频等方法进行针对性的商品信息推广和促销活动，就可以使自己的业绩获得提高。

微信用户群的建立和运营对于微信营销者来说至关重要，微信营销者引流发展过来的用户都聚集在这个群里面，微信用户群的建立实现了微信营销者进行"一对多"针对性营销的愿望，可以使其进行精准的销售活动。微信营销者在群里可以发布新商品的上市、促销活动信息等内容，也可以与用户之间进行感情上的联络、沟通交流，拉近双方之间的关系。此外，微信营销者还可以通过群里用户反馈的意见，对自身的服务方针、产品销售方略做出灵活的调整，从而促进产品的销售，提升自身的业绩。

微信营销者可以根据自身的需求，建立不同的微信用户群。例如，根据普通用户和忠诚用户的划分可以分别建立一个微信群；但是，一般微信群都包含了新老用户，老用户可以起到为新用户解惑、调动群内的气氛等作用，同时还能激起新用户的购买欲望和需求。

2.2　微信群的基本分类

2.2.1　团队交流群

团队交流群的建立是必不可少的，这是微信营销团队领导者直接进行团队管理的场所。它可以及时向领导者反映团队近期的气氛和状态，从而使其进行战略和工作上的调整。微信营销团队可以实时发起组织会议，不受地域、时间与空间的限制，相关人员也可以随时被召集进行工作上的沟通交流。同时，管理层可以通过微信群对新成员进行培训，或者是分享一些微信运营的新方法。此外，团队交流群可以联络成员之间的感情，帮助管理者熟悉每一位成员，消除成员之间的隔阂等。

除了上面提到的作用，团队交流群还具有交互价值，它是成员之间进行信息交互的平台。任何群成员都可以进行信息的共享和接收，对某一话题或工作上的困难发起讨论，交流各自的观点，进行看法、建议的交互和统一，从而达成共识。

2.2.2　经验交流群

经验交流群主要是由各个微信群的管理者组成的。组成经验交流群的人可以来自不同的行业和圈子，他们之间可以进行信息的交流和沟通，分享最新的团队管理、产品推广、战略调整和工作上岗位分配等经验方法。另外，群里面来自不同行业的人可以进行合作，通过不同行业和产品的搭配互补，提高销售额，以达到共赢的局面。

经验交流群也是一个推广自身产品、打响自身品牌的平台，群里的成员都有属于自己的人际关系圈层，其背后可能代表了一个庞大的消费群体。所以，在群内推广自己的品牌就显得尤为重要。它可以让自己的产品更快地被陌生用户熟知，从而吸引精准的群体进行产品的销售。

2.3　微信群的管理技巧

微信群的交流分享功能，使它在微信营销者从事营销活动时，完全可以作为一个营销工具出现。微信营销者如果将微信群利用好了，充分发挥它的能量，便能够有效提高自己产品的影响力和品牌知名度，进而实现利润的快速增长。但是，微信群的使用并不是一件简单的事，而是一门精深的学问，它涉及"养群"的概念。"养群"即为群注入营养和价值。微信营销者在使用微信群进行营销时，一定要注意"养群"的方法。只有将群"养"好了，才能发挥出微信群的最大价值。"养群"的方法主要有以下 6 种，如图 2-1 所示。

图 2-1　"养群"的方法

1. 个性化的欢迎方式

每位客户在加入一个新群时，都会产生一些紧张感和疏离感。为了消除这种情绪，微信营销者需要设立一种独具特色的欢迎语，发给每一个新入群的成员。

【具有强烈感情的欢迎语】

欢迎语要热烈直接，如"热烈欢迎×××加入××大家庭"，这样可以加深客户对微信群的好感度，提升他在群中的活跃程度。

2. 完善的群内规则

任何一个组织或群体，都要有一定量的规章制度，这是它存在的基础。微信群也是这样。微信营销者在建立微信群之先，就要确立群规则，并将这些规则落到实处，尽量被所有群成员所知。要想做到这一点，微信营销者可以经常性地将群规则发布出来，让所有成员看到，加深他们的印象。

3. 注重实用价值

客户进入一个微信群，必然是要追求某种实用价值，如学习知识、了解新闻、拓展人际关系等。微信营销者需要满足客户的这些需求，在群中设立更多的资讯内容，并主动帮助群成员增进彼此之间的了解。

4. 适时更换群名称

适时更换群名称可以起到吸引成员注意的效果。微信营销者可以利用这种方式不断加强微信群内部的活跃度。

5. 清理边缘人员

边缘人员即经常不说话的群成员。这些人影响着群内的活跃氛围。微信营销者需要定时清理这些人，使群内的交流氛围变得更加健康向上。

6. 主动制造吸睛点

微信营销者可以通过制造噱头的方式吸引群成员的注意，进而加强群成员间的互动。例如，某群内有 3～5 人发布"群主太给力啦，笑话太逗啦"，就会有很多人跳出来询问到底是什么笑话，如此便很容易建立良好的互动环境。

除此之外，还可以举办各种线上、线下活动，创建速聚、速离群等方式，这些都可以起到不错的"养群"效果。微信营销者需要根据自身情况，不断开发新的"养群"方式，以便更好地挖掘微信群的潜力，达到更好的营销目的。

2.4 微信群的文化打造

2.4.1 设立建群目标

微信群要为群中每位成员树立一个共同的目标，这个目标可以是一件具体的事，也可以是未来的某种发展状态。它要符合每位成员的兴趣和爱好，使他们能够在共同的目标下产生志同道合的意识，一起为实现目标而精诚团结、努力奋斗。

2.4.2 确定建群梦想

梦想是指引人们向前奋进的明灯。微信群中也要有一个共同的梦想。这个梦想一定要有远大的前景，能够为群成员提供无穷的发展动力。只有在伟大梦想的推动下，微信群成员才会团结成为一个充满凝聚力和战斗力的集体，在梦想的指引下不断前行。

2.4.3 培养成员品质

微信群成员要具备正面积极的品质，这样才能更好地展开交流活动，并对微信群的健康发展产生裨益。这些品质一般包括以下 3 个方面，如图 2-2 所示。

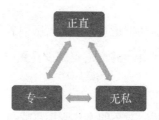

图 2-2　微信群成员必备品质

1. 正直

微信群成员要具备正直的品质，在任何时候都要说正确的话、做正确的事，不能走歪门邪道，更不能触犯道德和法律的禁区。成员们要把传播正能量作为群中的头等大事，这样才能维护微信群的健康、有序发展。

2. 无私

每位微信群成员都要具备无私的品质，愿意去为别的成员主动提供帮助，这样才能建立团结友爱的群氛围。

3. 专一

微信群成员是因为共同的目标和梦想才加入一个群中的，所以在微信群的交流活动中，每位成员都要做到专一，尽力做到努力钻研一件事并分享实践的感悟。

2.4.4 设置群内岗位

一个微信群若想保证稳定、健康的发展，避免陷入混乱的境地，就要确立明确的职能机构。这些机构要分工合理、各司其职，达到职能互补的目的。例如，一个微信群可以设立管理部，负责对群成员进行日常管理；可以设立编辑部，负责设立群共享信息内容等。

2.5 微信群的运营忌讳

微信营销者在群里活动时，需要注意一些禁忌的问题。如果不小心触碰到了这些问题，他在微信群中所做的所有努力就可能付诸东流。在这种情况下，微信营销者不但无法达到任何营销效果，还会在群成员的心目中留下一个恶劣的印象。要想规避此种情况，微信营销者便要对在群里活动的禁忌有清醒的认识。

1. 垃圾广告

垃圾广告的主要体现便是带有链接网站的广告或是盲目刷屏的广告。这种信息不仅毫无用处，还会令群成员产生极大的不安全感和不信任感。微信营销者为了维持自己的良好形象，需要避免发布这样的广告。

2. 负面信息

色情或暴力等负面信息不仅会产生极为不良的社会影响，还会触犯国家的法律法规。微信营销者要避免发布这样的文字或图片信息，做奉公守法的好公民。

3. 盲目营销

盲目营销会引起群成员的极大反感，因为这种营销模式忽略了别人的具体需求，只为满足自己的利益。例如，经营茶叶的某些微商，便会在群中不停问人是否喝茶；还有人在群中强拉别人进自己的股票群等。这些行为便是典型的"盲目营销"。

4. 人身攻击

这是最令人反感的行为，而且会透支别人对自己的信任。微信营销者可以在群中和别人争论对某个事物的看法，但不能对某人发布具体看法。这不仅是很不负责的行为，也对被评论人很不公平，还会引发群成员对评论人的反感。

【避免触碰"雷区"】

微信营销者在群里活动时，还要注意不要涉及封建迷信和宗教类的问题。这些都是敏感问题，属于"雷区"的范围，十分不利于微信营销者开展营销活动。微信营销者只有做到有效规避各种禁忌，才能在群里活动时如鱼得水，进而产生营销价值。

案例分析：零售之王"玩转"家庭主妇群

潞妈是微商界的一个传奇，被很多人称作"零售之王"。

之所以得到这么厉害的一个绰号，是因为潞妈每月可以达到一百万元流水，其中代理往往只能提供2万元，而她自己的零售却提供了98万元左右。她做到这一点的关键，就是精准、有效的群里活动战略。

潞妈处在一个三四线的小城市，售卖的产品是酵素。这种产品的售价较高，不适合在消费水平较低的圈子里出售，而购买力高、注重保养和美容的贵妇群，则是该类产品的主要消费群体。潞妈正是因为看到了这一点，所以经常出入高端会所，结识一些贵妇，并在她们面前通过免费赠送等方式推广产品。而在这个过程中，潞妈也会通过主动询问等方式，加入贵妇们建立的各种微信群中，和她们联络感情，并根据她们的需求，有针对性地推荐产品。一般来说，只要产品本身质量过硬，就很容易在贵妇群中传播开来，打开一条销路。

除此之外，潞妈还采取了以下两条小技巧，如图2-3所示。

图2-3 贵妇群中的营销技巧

1. 针对贵妇心理

贵妇们的生活一般都比较无聊，所以她们期待着一点新鲜感和刺激性因素。潞妈针对这种心理，在情人节、圣诞节等节日到来之际，通过线上祝福、线下送玫瑰花等方式，满足贵妇们的空虚心理。这样就使其在众人面前很有面子，满足了她们的虚荣心和幸福感。

2. 讲究销售技巧

潞妈在进产品时，十分注重价格阶梯制。举个例子，酵素产品一般分为 3 款，分别是 200 元、400 元和 600 元。潞妈在经营过程中，如果贵妇购买 200 元款，就会赠送其 400 元款试用；如果贵妇购买 400 元款，就会赠送其 600 元款试用。她通过免费试用更高款的方式，让贵妇们深刻了解到一分价钱一分货的道理，从而愿意购买最高级的 600 元款，并带来销量和利润。

【成功原因解析】

潞妈的成功，与其主动加入贵妇们建立的微信群，积极扩大影响密切相关。但除此之外，符合客户心理预期的营销方法和富有针对性的销售技巧，也是其成功的重要原因。

本章思考题

1. 微信群的创建对企业和营销者有哪些好处？试举例说明。

2. 团队交流群和经验交流群有哪些不同点，它们各自的优点是什么？请分析说明。

3. 养群的必要性体现在哪几个方面，群主需要怎样做才能打造健康的微信群？

4. 有哪些因素可能阻碍微信群的发展，要如何避免？

实战训练

东风日产在微信平台上的广告投放具有很明显的圈子性特点，并把主要营销目标放在回家过年的目标人群身上。请查找资料，分析东风日产聚焦新年话题的具体策略，并分析其成功原因。

CHAPTER

第 3 章
微信成交话术

 学前引导

1. 了解微信成交话术的重要性。

2. 了解影响成交的内部条件。

3. 了解影响成交的外部条件。

4. 了解阻碍成交的因素以及具体规避方法。

5. 掌握在微信营销过程中用到的成交话术技巧。

3.1 成交的内部条件

3.1.1 投其所好

微信营销者在与客户打交道时，需要先对客户的具体信息进行研究，如其偏好，这对于之后的互动交流是非常有利的。然后，在与客户进行具体的聊天时，可以从这些已知的偏好出发，迎合客户的兴趣爱好，从而激发其聊天的兴趣，以便了解到更多的相关信息，做到有针对性的交流。在这种言谈甚欢的情况下，交易的难度也就在无形中降低了。

3.1.2　有效推荐

有些微信营销者在对客户进行推荐时会陷入这样的误区：推价格最贵、利润最高的产品。殊不知这样做除了使客户产生厌恶和不满之外，并不会起到有效的积极作用。若想改变这一情况，就要对客户做到有效推荐，如图3-1 所示。

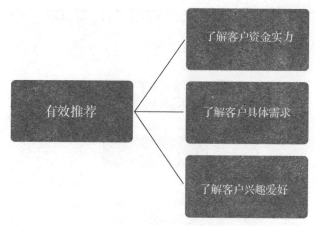

图 3-1　对客户的有效推荐

我们要做到一切从客户的角度出发，进行有利于客户的有效推荐，这样才能赢得客户的好感，从而达成交易。

3.1.3　专家风范

大多数客户都有服从权威的心理，所以一定要做好知识储备。在与客户的交流中，若能让自己过硬的专业知识和相关服务派上用场，那么客户就会对你产生很大的信任感，从而创造出更利于达成交易的条件。

当然，专家风范绝不是靠"装"能得来的，而是需要自身拥有够硬的专业技能，对相关行业和产品知识了如指掌。想要做到这一点，微信营销者可以通过邀请行业专家培训、内部自学等方式来达到，尽量使每一位成员都能具有"专家风范"。

3.1.4　售后承诺

售后环节是客户最为关注的环节之一，毕竟移动端的交易看不见、摸不着，只能靠一些图文信息进行了解；而一旦客户想要购买产品，就很容易产生各种疑虑，当收到产品与预期不符时，退货或换货的可能性就会很高。在这种情况下，如果售后环节无法得到有力保证，就很容易引发客户的不满，并对其二次购物产生不良影响。

想要避免上述情况发生，微信营销者就要从以下几种售后承诺出发，打消客户对售后的顾虑，创造最优化的交流和购物环境，如图 3-2 所示。

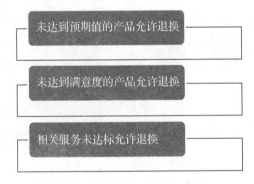

图 3-2　微信营销者的售后承诺

当然，微信营销者在做出售后承诺时，一定要保证其真实性，如果做出的承诺无法实现，很容易引发更为不良的后果。

3.2　成交的外部条件

3.2.1　品牌极致

商家品牌的定位与大品牌的定位不同，便利、精准、个人化是其 3 个基本特征。"便利"很容易理解，就是消费者方便，价格低廉；"精准"是指定位明确，专门为某一人群设计的产品；"个人化"是指品牌落实到人，团队里的每个人都是品牌的代表。

有了对品牌概念的概括，我们就有了方向，那么在这个方向下怎么创建自己的品牌，让自己的品牌能够赢得市场的信任呢？主要有以下 3 个步骤，如图 3-3 所示。

图 3-3　打造极致品牌的步骤

1. 产品定位

我们可以通过市场调研和比较弄清楚自己想要做的产品和其他的产品有什么不同；分析一下什么样的产品在市场上最畅销，对客户的诱惑力更大；还要多从消费者的立场出发来看问题，看一下消费者最需要什么，做什么样的产品能帮助消费者解决困难。此外，还可以从产品本身出发，如产品的材料、包装、技术、设计、功能、名称、价格等，力图使自己的产品兼具实用性和观赏性，如图 3-4 所示。

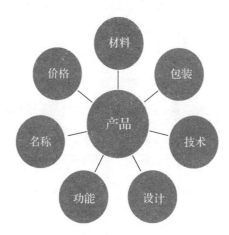

图 3-4　极致产品示意图

2. 名称

在品牌的名称上，要让大家感觉眼前一亮，这样的名称消费者可能看一遍就记住了。

【取名字的常见手法】

（1）用成语或谐音，如做水果品牌，橙子取名叫"橙（成）人之美"。

（2）用同音字，如"食尚味道"等。

（3）网络热词、俚语，如卖炒栗子的叫"举个栗子"，卖枣的叫"枣上好""枣吃枣好"。

3. 可持续性

如何维持品牌的可持续性，使品牌在客户群中具有长期的影响力，大概是所有品牌商们最头疼的事。我们见过太多昙花一现的品牌，它们迅速暴起又迅速销声匿迹，品牌的生命周期十分短暂。

那么，如果我们想要维持自己品牌的影响力，让其具有可持续性，具体需要怎么做呢？

第一，要有平台意识。也就是说，如果我们是做单品销售的，做了一段时间，粉丝渐渐多了，这个时候我们就要把自己的微信账号平台化。比如说我们是卖烧鸡的商家，粉丝天天吃你的烧鸡的话，时间长了也会腻。所以，我们要往自己的产品中添加类似的产品，既卖德州扒鸡，也卖道口烧鸡、叫花鸡等各种不同风味的烧鸡，让粉丝能在你这换着吃，而不用再去其他的地方买。

第二，要保证产品的可延续性。做果蔬食品的商家尤其要如此。如典型的山货柿子，通常在秋季成熟，这时漫山遍野的柿子会一下子涌入市场，它的时令性非常强，在这个季节过去后就会出现供应紧俏的现象。针对这种情况，我们可以把柿子做成柿子干、柿子饼，这样保存的时间更长一些；可以满足不同时令的需要；还能开发某个产品的多种价值，达到延续其生存周期的目的。

3.2.2 服务极致

当我们完成了前面的营销、销售等环节的工作，是不是意味着经营活动就结束了呢？不，恰恰相反，产品自售出之后的后续工作，也可以叫售后服务环节，此时才刚刚开始。如果不能将这一环节做好，客户对售后服务产生不满，微商就会失去客户的信任，进而之前所做的工作也将失去意义。

一般情况下，微商需要做好的售后服务包含以下 4 个方面，如图 3-5 所示。

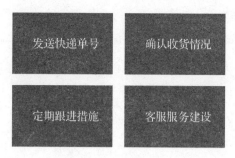

图 3-5　微商售后服务示意图

1．发送快递单号

客户在下单之后,希望尽快收到货品是客户的普遍心理,因此我们在发货时,就应该考虑到客户的这种心理需求,将快递单号同时发送给客户,在方便客户进行物流查询的同时,也可以赢得客户的好感。

2．确认收货情况

发货之后就对后续工作放任自流是不负责任的表现,也是对客户的不尊重。所以,我们应该在发货时就确认收货时间,然后通过电话、微信等形式联系客户,确认客户是否收到货物。如果客户给予肯定的答复,我们还可以将产品使用的注意事项再说一遍,并提醒客户可以在朋友圈等渠道中晒一下产品,达到另一种宣传效果。

3．定期跟进措施

当我们发出了货物,客户也收到了货物,是不是就意味着工作结束了呢？当然不是,这时我们还应该进行定期跟进,一般情况下这个频率可以定为 1 周 1 次,通过跟进措施了解客户的产品使用情况和对产品的评价,以便根据客户的反馈意见及时调整经营策略。

4．客服服务建设

客服服务建设是后续支持环节的重点,培养出专业化、高素质、负责任的客服人员,对于产品的售卖、客户关系的维护,以及品牌的推广无疑具有不可估量的积极作用。

【韩都衣舍的客服模式】

韩都衣舍的客服模式十分值得我们借鉴,如它按照售前、售中、售后的方式将客服人员进行纵向划分，又在每种方式中按照品牌的差异（如时尚类、复古风等）进行横向分类，以此来达到高效、专业、极具特性的客服服务标准，以便在最大程度上赢得客户的好感。

总而言之，打造完善的售后服务环节，形成一个产业上的有效闭环，对于微信营销者来说无比重要。甚至可以说，这是它取得客户持续支持，在目标市场中真正站稳脚跟的关键所在。

3.2.3 传播极致

同样是做微信营销，为什么有些商家的客户很多，另一些则很少呢？其中，不注意产品和品牌的传播是重要的原因。接下来，我们就介绍有效加人18式，从而在最大限度上促进传播。

1. 干货资源分享

微信营销者可以根据客户的类型，或通过团队成员征集一些客户反馈，搜集一些对客户有价值的干货资源，然后将这些资源分享到相关的 QQ 群、朋友圈中，附上"需要资料，请加我微信"这样的字眼，可以起到增加粉丝的作用。

2. 互换微信群

微信营销者主动寻找一些粉丝基数庞大的微信群，与对方互换微信群，进群后添加好友，这样可以快速增加自己团队的粉丝数量。如果能坚持每天与别人互换 10 个微信群，那么久而久之我们就会拥有一个庞大的群营销数据资源。

3. 朋友圈推荐

打造出吸睛的文案，在文案中附上一些"有利可图"的亮点。例如，我们可以给大家带来什么好处，现在加微信关注我们可以享受优惠等。把自己的微信号放在文案醒目的位置，引导人们关注，然后请团队中的每一位成员将文案发送到各自的朋友圈中，这样可以起到吸引粉丝的作用。此外，我们还可以通过大 V 推荐的方式来吸引粉丝，效果会更好。

4. 加入 QQ 群

加入与自己的产品相关的 QQ 群，在群中与其他人混熟后，发布一些关于微信营销的软文。这些软文要能打动他人的内心、契合他人所需，然后在软文和

QQ 群中留下自己的微信号，引导人们关注自己。

5. 利用分类网站

在赶集网、58 同城等分类网站发布一些有需求的帖子。例如，"本人要去外地工作，没办法照顾猫咪，急求猫咪主人，有意向的人加我微信……"这样可以吸引一些人关注自己。

6. 利用热点

当下什么话题火热，就可以结合该话题制作视频合集，利用编辑软件将自己的微信号植入视频下方，然后上传到各大视频网站。热点话题本身具有一定的吸睛度，人们在点击这些视频时就会看到上面的微信号。采用这种方式可以引导人们关注自己。

7. 利用快递

对善于发现商机的人来说，快递员绝对是一个不容错过的增加粉丝的"帮手"。众所周知，快递员每天会接触许多人，这些人中有很大一部分是网购爱好者，从微信营销者的角度考虑，这些人就是庞大的潜在客户群。我们可以与快递员达成合作共识，如给予他一定的报酬，然后请他在送货时帮忙发放印有自己的微信账号、二维码、产品介绍的宣传单。当然，宣传页上的内容要贴合人心，如附上"扫一扫，免费领取小惊喜"，这样更容易激起潜在客户的好奇心。

此外，我们也可以借助外卖人员，请他们帮忙发放宣传页，还可以与外卖商铺合作，在商务区的外卖店贴上自己的二维码，从而引导大众关注。

8. 利用线上比赛

在微信、网站、论坛等平台上发起有创意、有趣味的比赛，如美女大赛、PS大赛等，在参赛的照片上添加自己的微信账号水印，并在比赛中及时与参与者互动，这样可以增加自身的曝光度，吸引很多人关注。

9. 在洗手间贴二维码

这个招式看起来有些低级，但粉丝转化率还是很高的。不同场合的洗手间通常会显示出不同的人群属性。根据这个地方的人群特点来打造文案，然后配上自己的二维码贴在洗手间内，可以起到很好的吸粉效果。例如，在大学的洗手间里，我们可以写"同学，你也在这里？缘 fen 啊！本人有英语四六级资料，扫码加我即可获取"。

10. 加入不同的小组

许多网站有小组板块，如豆瓣小组、人人小组等，这些小组通常有明确的人群定位，不少人还有较强的文字功底、交际能力。借助小组的优势，我们可以在一些热门小组内留下自己的微信账号，这样可以吸引有共同爱好的人关注。

11. 利用论坛

天涯论坛、百度贴吧、猫扑大杂烩等论坛通常具有超高的人气。我们可以搜索一些与自身产品相关的论坛，如做美妆微商，可以搜索有关美容、时尚的论坛，在上面分享一些美容心得、变美的励志故事、产品测评等软文，这样可以吸引一些精准的目标客户，有助于增加微信粉丝量。

12. 利用视频工具

现在，视频软件越来越多，我们可以借助当下一些热门的视频工具来推广自身产品，如通过美拍、微视等策划一些精彩的视频话题。需要注意的是，这些视频都要以用户为核心，并与自己的产品相关。制作的时候要在每段视频底部写上文字说明，将自己的微信账号、产品等放在上面，这样可以实现精准吸粉的目的。

13. 利用招聘网站

在社交平台、分类网站等地方发布招聘信息，同时辅以奖励，诱导团队成员将该信息分享到各自的朋友圈，以此来增加粉丝数量。例如，可以这样写招聘文案："由于业务繁忙，我们团队急需一名微信助理，全职、兼职不限，主要工作是……月薪是……要求……欢迎大家转发到自己的朋友圈，推荐成功即可获得100元红包，数量有限，先到先得，本人微信号……"

14. 发起微信小活动

在微信平台上发起一些互动，例如，"将活动公告转发至朋友圈，并邀请5个以上的微信好友关注我，同时在公告下评论，你和你的微信好友即可免费获得一份神秘礼品。推荐好友最多者更可免费获取大礼"。这种小活动可以激发用户的参与积极性，从而达到增粉的目的。

15. 利用明星的微博评论

我们都知道，微博是一个粉丝流量非常大的平台，其中一部分非常可观的流量主要集中在明星微博上。鉴于此，我们可以借助明星来为自己的微信增粉，这样可以快速增粉。常见的方式是在明星微博下宣传自己的产品，吸引人加自己的微信号。

16. 利用诱导的方式

许多微信营销者对快速吸引粉丝有着极强烈的愿望，抓住微信营销者的这一心理，我们可以采用诱导的方式来让其主动加你。例如，在一些热门的微信营销者的帖子下面留言："分享一个简单又快速加粉的方法，保证日增 100 人，有没有效，试了就知道。加我微信……即可获取。"有人可能会问："要是没有这样的方法怎么办？会不会被人拉黑？"不用担心，这个方法绝对有效，我们只要这样答复对方即可："这个简单又快速、日增 100 人的方法就是——将这段话复制到贴吧，诱导别人加你。"

17. 参加微商沙龙、微商大会

微商沙龙、微商大会等规模较大的集会往往高度聚集了许多同行。在这些场合结识一些微信大咖、新秀，既拓宽了自己的交际面，又能快速、大量增加粉丝，此外还能为微信营销者团队今后的成长打下良好的学习基础。

18. 互换通信录

QQ 通信录、手机通信录等都是良好的粉丝来源，我们可以与好友交换通信录，这样能实现双方增加粉丝的目的。

3.3　成交的阻碍因素

3.3.1　暴力刷屏

很多初入行的微信营销者都认为，只要不间断地刷屏就能卖货，因此人们一提到微信营销，就会马上想到每天在朋友圈中狂刷屏的人。其实做微信营销并不是想象得那么简单，不是只要在朋友圈里转发几条广告就能带来交易。刷屏也是讲究技巧的，首先发出的图片和文字要有创意，让粉丝喜欢看，再者就是朋友圈中的消息要接地气，让大家都认可，这样才能更吸引粉丝。

暴力刷屏型微信营销者的一大特点就是在朋友圈里狂轰滥炸，不考虑别人的感受，拼命发广告，朋友圈完全被他的广告"淹没"。即使转换率低到千分之一，甚至几千分之一，他觉得这样做也很值。这种最低级、最无技术含量、最扰民的"爆屏战术"，最终的结果只能是被别人删除、拉黑，或者好友碍于情面而选择将其屏蔽。

刷屏是微信营销者最忌讳的一种营销方式，但却也是微信营销者最常用的方式。相信随着时间的推移，人们对微信的认知和态度会慢慢变得理性，这种暴力刷屏的现象也会终结。

那么如何在不刷屏的情况下宣传自己的产品呢？其具体有以下两点，如图3-6所示。

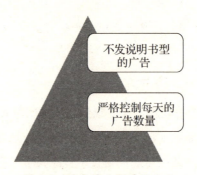

不发说明书型的广告

严格控制每天的广告数量

图 3-6　避免暴力刷屏的方法

1. 不发说明书型的广告

很多微信营销者效仿淘宝式的广告，把所有的产品信息全部罗列上去，这样枯燥乏味的硬广告不适合微信生态圈。这种广告太过直白，且目的性太强，久而久之人们会感到厌烦进而将你屏蔽。

微信生态圈的广告形式一定要新颖精美，同时还要有内容有内涵，让好友们乐于接受并将你的广告进行二次传播。说白了做微信营销靠的是软文，硬广模式已经做得太老太旧，对于年轻的微信生态圈来说根本不合时宜。

2. 严格控制每天的广告数量

每天发的广告数量不要过多，同时要多发一些趣味性文章，产品的信息最好镶嵌在软文中发布，这样反而会促进转化率提高。

总之，不要把朋友圈当做商场，虽然在朋友圈里也可以卖货，但要注意分寸，不然刷再多的广告，也无助于提高产品的销量。

3.3.2　变相传销

从微信里"杀熟"卖面膜，到拉人做代理，不断变化的微信运营模式，悄悄布下了传销的陷阱，微信营销者发展到现在出现了难以克服的难题。

（1）朋友圈人脉资源用尽，再重新建立信任度需要耗费很长时间。

（2）朋友圈里的刷屏广告过多，微信的新鲜度逐渐消失，很多人一看到广告就心生反感。

一方面，微信营销者要维持生存，也就同时为传销提供了机会。另一方面，以当下的情况来看，由于受到政府的不断打击，传销不得不改头换面以求发展。其中，微信营销这种形式就成为他们"借尸还魂"的对象，这也正是社会上热议的"微传销"。"微传销"能够存在，离不开技术手段的支持。为了增加产品的可信度，一些传销分子通过微信对话生成器、订单生成器和转账生成器等造假软件，在微信圈里狂晒伪造的聊天、转账记录以及支付宝交易记录，从而布下传销的陷阱，如图 3-7 所示。

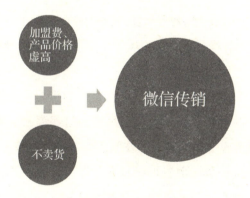

图 3-7　微信传销示意图

为了避免上当受骗，我们可以从以下 4 个方面识别"微传销"。

1. 收加盟费

发展下线时提出收加盟费是"微传销"的一大特征，他们把共同致富和心灵鸡汤混在一起，建立分级代理体制，层层叠加赚取差额费。

2. 产品价格虚高

虽然在某些传销活动中也会有真实的产品，但是产品的价格过高，与实际价值不等值。

3. 无视商品流通

商家不关心消费者的购买活动，销售者成为消费终端，产品质量无保证。

4. 做虚假广告

所做广告全部是虚假信息，使用诈骗的手段获利。

众所周知，"微传销"是在微信营销发展中形成的一种畸形变种，尽管它对整个行业的冲击非常大，但是微信营销作为大众创业的新宠，整体上还是健康的，在移动互联网时代还是有很大的潜力。未来在各项管理措施成熟之后，微信营销一定会有广阔的发展前景。

3.3.3　产品低劣

在朋友圈内进行买卖交易存在很多隐患。例如，买到假货、商品图片与实物不符、商品存在质量问题等这类案例比比皆是。在微信的公众号中，搜索"代购""奢侈品"等关键词，会跳出大量的营销账号，其商品范围涵盖了服装、数码产品、化妆品、名牌包等众多领域，而且各个微信账号都标榜自己的产品是正牌正品。

如 LV（Louis Vuitton，路易威登）包、劳力士等一些国际知名品牌，以不到市价十分之一的价格在微信上疯狂甩卖。这些商品不仅令消费者难辨真伪，更滋生了无数个假货集散地。朋友圈假货数量有增无减，很多大牌代购、海淘产品都是高仿或假货，但投诉维权案件却不多见。原因就在于朋友圈里大家都是熟人，买到假货后通常碍于情面隐忍不发，因此多数不会选择曝光维权。而且，因为微信营销门槛低，即使消费者对其进行举报维权，查封、注销其账号后，不法分子还可以重新再注册，不能在根本上杜绝这些售假卖假的账号。

目前，监管微信营销主要有三方，如图 3-8 所示。

因此，从市场管理层面来讲，微信营销最终会被规范、管理、升级，会有一套比较成熟的监管体系，这样假如出现买卖纠纷，双方的正当权益能获得保护。

但是不管怎样，我们要想在微信营销这条路上继续走下去，就一定不要售卖质量低劣的产品，否则只能是影响自己的信誉，断送自己的致富梦。

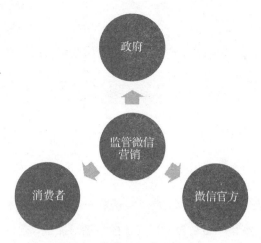

图 3-8　监管微信营销的三方

3.3.4　定位不明

在微信朋友圈中，我们时常能看到很多炫富的微商，"动辄月入百万、月入千万"这样一夜暴富的案例使得整个微商圈都浮躁了起来。很多一窝蜂挤进微商圈的微商们根本不知道自己想做什么产品，没有明确的定位，每天只是跟着别人跑，把微商圈搅得一片混乱。

1. 微商产品定位

只有定位好，产品才能卖得好。我们是定位做单品，还是做一类产品；是定位要做普通热销品，还是做冷门产品。微商产品分为两大类：即长线产品和短线产品。长线产品有韩束、百雀羚、兰蔻等这些大品牌；短线产品有一些网络爆款，像一些面膜、唇彩、擦脸油等。短线产品能在短期内帮你赚点钱，但是不适合长期做，做短线产品关键是要快，要能快速消化产品，不要囤货。长线产品是微商主业，能长期经营。如果卖单品就要做精，形成独特优势；如果卖热销品就要做大，渠道要广、规模要大，才能保持销量增长。

2. 微商客户定位

准确定位客户要把握以下几个指标：性别、年龄、消费水平、身份、兴趣。

（1）性别

男性和女性的消费倾向很明显不一样，首先明确我们的产品是定位在男性产品还是女性产品，然后再选择不同的推广平台。

（2）年龄

在校学生与职场白领消费理念也有差别，如在衣服的款式上、搭配上，他们有不同的审美观念。

（3）消费水平

如果我们的客户消费水平高，那么就卖些高档产品；如果消费水平一般，就卖些一般产品。

（4）身份

如果我们的客户中年轻妈妈们多，就开发一些母婴产品来卖；如果中老年人多些，就开发一些保健产品来卖，这样才能适销对路。

（5）兴趣

了解了客户的兴趣爱好，我们的产品就会更有针对性。兴趣是最好的老师，也是最好的消费引导者。

3.4　成交的话术技巧

与客户进行沟通时，要根据客户的反应采用不同的沟通技巧来回应，那么常见的沟通技巧都有哪些呢？

1. 比较法

会沟通的高手通常都喜欢使用比较法，比较法既生动又形象，同时也容易使对方接受。通过比较才能显出自己产品的优点和长处，通过比较才能让客户对自己的产品更加青睐。微信营销者与客户交流时可以直接将自己的产品和其他产品做比较，突出优点，让客户心甘情愿下订单。

2. 见证法

很多客户之所以在决定购买产品之前犹豫不决，就是因为害怕买到不合适的产品。这时，我们不妨将与其情况相似的产品使用者的成功案例列举出来进行见证，这样就可以降低客户的担心和忧虑，从而促成交易。

3. 故事法

所谓故事法就是利用讲故事的方式与客户沟通。大部分人都喜欢听故事，也更容易对故事的主人公所做的事情表示同情,而且通过故事所表达的思想也容易被客户记住,所以讲故事是一个非常好的沟通方法。以微阔网为例,其团队的成立就是以故事为背景的,创始人带着自己的梦想辞去稳定的工作,冒着贷款和失败的风险进行微商创业,这个故事也是其沟通的常用方法。需要提醒大家的是,利用故事法沟通要注意3点,如图3-9所示。

要讲真实的故事

故事本身要生动形象

故事的唯一主题就是你表达的思想

图3-9　利用故事法沟通的方法

4. 权威法

权威法与故事法相结合,就是要讲成功人士的故事。这些成功人士具有比较高的知名度,因此更容易让客户信服和接受。

5. 反问法

反问法就是在沟通过程中使用反问的句子,举个例子,我们常听到客户说:"你们家产品虽然好,但是太贵了。" 这时,我们可以回答:"我们的产品是比同类产品贵了点,但您也知道,便宜没好货,我们的质量决定了我们的价格,您那么聪明,多花一点钱买到质量好的产品总比少花一点钱买到质量差的产品最后没有效果强,您说对吗?"这种沟通方法是把问题扔给客户自己去思考,结果会让客户心服口服。

6. 假设法

所谓假设法,就是在沟通时要给客户希望,具体的方法就是假设客户用了我们的产品,会取得什么样的效果,带来什么样的改变。在阐述这些好处时,我们可以根据客户的具体情况,进行逐一分析,从而让客户产生信任的心理。采用假设法可以让客户打消疑虑,对产品产生希望,相应地,达成交易的机会也会增加。

7. 激将法

很多微信营销者在与客户沟通时,使出浑身解数客户也不买账,这时不妨使用激将法，用挑战性的语言试一下，客户很有可能为了证明自己是对的而进行购买。我们常听到的激将话术是：

"大家都买得起，您怎么可能买不起呢？连学生都在买我们的产品呢？"

学会合理运用激将法，非但不会伤害客户的自尊心，反而能促使其购买，满足其虚荣心。但需要注意的是，使用激将法时言辞不要过于激烈，要掌握分寸，为客户留足面子。

8. 引导法

所谓引导法，就是首先顺着客户的想法，接受和称赞其观点，然后用发问的方式尝试引导对方。这种中立的沟通方式很容易拉近彼此之间的距离，使客户觉得你是为了他好，让其敞开心扉接受你的想法。

案例分析：野兽派花店——巧妙的故事营销

"野兽派花店"是一家很特殊的花店。说其特殊，是因为它既没有实体店铺，也没有淘宝店铺，而是一家开在微博上的花店。但是，它凭借着微博上的几张花卉照片和一段段文字介绍，竟然在不到一年的时间里，从无到有，吸引了近 20万粉丝的关注，其中很多人甚至成为了"野兽派花店"的忠实拥簇。

那么，野兽派花店能够成功的最大原因是什么呢？那就是引发顾客共鸣的故事。它在具体的经营过程中，认真倾听每位顾客的故事，并将故事转化为充满意境的花束，以此来满足不同顾客的需求。例如，祝福自己结婚周年快乐的，祝福父母身体健康的，想念心爱的人又不好意思表白的。这些不同的情绪，都被野兽派花店转化为相应的故事，并巧妙融入不同的花束之中。

此外，野兽派花店所选花卉大多为进口的高级品种，经过精心的修饰雕琢，再添加上具有文艺气息的名字和包装，然后通过微博私信下单的方式，出售给具有不同心境的人。这种经营方式不但提升了花卉的品位和层次，而且充满了创意性，引发了众多顾客的追捧，进而取得了出色的售卖效果。

【成功原因解析】

从上述例子中就可以看出，商家为自己塑造一个好故事实在是很有必要。它不仅可以收获到粉丝的赞赏和支持，起到无形宣传的作用，还可以使商家实现最大化的经济效益，满足其对利润的需要，可谓是一举两得。

本章思考题

1. 成交的重要前提就是赢得客户的信任，那么如何才能赢得客户的真正信任呢？

2. 微信营销者需要如何运营品牌，才能达成品牌极致效应？

3. 阻碍成交的因素为何会出现，它们的危害主要体现在哪些方面？

4. 为了更容易成交，营销人员需要用到一些成交话术技巧，它们都有哪些特点，各自的优势是什么？

实战训练

要想达到成交目的，我们就要深入了解自身产品的核心优势，并通过巧妙的语言和文字，传达到客户那里。黛莱美洗面奶在这方面就做得很好。请查阅相关资料，试述黛莱美洗面奶的营销话术技巧，并分析其成功原因。

实践篇

CHAPTER

第4章
微信公众号营销

 学前引导

1. 了解微信公众号的产生背景和相关概念。
2. 掌握微信公众号的注册和认证方法。
3. 掌握微信公众平台的各项功能与操作方法。
4. 掌握微信公众号的内容打造方法与推广技巧。
5. 掌握微信公众号的排版与优化技巧。
6. 熟悉微信公众号的引流方法、营销策略与应用工具。

4.1 微信公众号的基本介绍

4.1.1 微信公众平台的优势

微信公众平台是腾讯以微信为基础而增加的功能平台，无论是个人还是企业，都可以在微信公众平台上申请一个微信公众号，以此来与一定的群体进行文字、图片或者语音等方面的互动和沟通。随着移动端的发展，无论何时何地，我们身边总少不了智能手机的影子，而微信则是根植于移动端的一款手机软件，它承载了大多数手机用户的个人信息。另外，微信公众平台在传播方面也比其他网络平台更具优势，如图 4-1 所示。

图 4-1　微信公众平台的优势

1. 更有效

微信公众平台的用户来源基于腾讯用户，同时如果有朋友和家人也开通了微信业务，那么用户还可以通过手机通信录来添加这些朋友和家人。由此可见，微信属于熟人网络，其内部小众传播的信任度和到达率都是其他社交平台无法比拟的。由于微信的用户真实、私密而富有价值，其传播有效性特别高，甚至有媒体曾这样说道："微信 1 万个听众相当于新浪微博的 100 万粉丝"，这句话可能稍微夸张了一点，但也是有据可循的。

2. 更方便

与 PC 端相比，手机随身携带非常方便，加上微信的社交和位置等天然优势，商家营销起来也非常便利。不仅如此，与 App 相比，微信公众平台无须专门下载和安装，也具有很大的便利性。

3. 更精准

微信公众平台可以对用户进行分组，然后利用超级二维码，在二维码中添加、投放广告渠道来获取用户群属性，由此所产生的营销和服务更加个性和精准。

4. 更易分享

移动互联网技术使得信息传递变得更加方便，人们的碎片化时间得到了充分利用。而微信则利用其特有的对讲功能，打破了传统的文本传输，使得文字、图片、声音和视频等媒体传播方式得以实现，用户的所见所闻也变得更易分享。除了聊天以外，用户还可以利用朋友圈来转载、转发或者直接分享给好友。

5. 更高达到率

微信公众平台可以实现一对多的传播方式，使得内容和信息的达到率更高，它是企业推广的有力武器。由于微信公众平台可以将消息直接推送至手机，因此其达到率和可观看率将近百分之百。众多企业和个人还会植入广告进行推广，利用公众号的高认可度和达到率达到了理想的效果。

6. 更利于营销

微信的"摇一摇""漂流瓶"和"查找附近的人"均用到了 LBS（基于地理位置的服务），通过手机定位服务就可以轻松获取用户的地理位置，只要用户分享时选择地理位置就可以将自己的所在位置展现给好友，同时地理位置也更加方便了商家实现精准营销。

7. 更方便互动

与其他网络媒介相比，微信作为一款社交软件，不仅信息推送及时，而且有利于用户的沟通和互动。微信公众号不仅可以帮助企业向粉丝推送信息，还提供刮刮卡、大转盘等活动功能，为营销提供了更强的互动性。

8. 更低的成本

过去客户一旦跨出店铺，想要联系只能依靠打电话或者发短信，而如今微信公众平台却将客户聚集到了一起，企业可以统一向所有客户推送消息，让客户对自己的产品了解更加深刻。不仅如此，过去企业需要反复投放媒体广告才能留住客户，广告成本是非常高的。而现在利用微信公众平台推广，不仅节省了广告预算，而且可以持续与客户保持联系。

4.1.2 微信公众号的认证方法

随着微商产业的持续升温，微信公众账号的数量不断增加，竞争变得极为激烈。在这种时候，一个得到认证的公众账号会对商家产生不少好处，是很有必要的。公众账号认证的必要性在于以下 3 个方面。

1. 更靠前的排名

公众账号具有唯一性的特点，但是它的名称并不是唯一的。认证过的微信公众账号比起没有认证过的同类账号，被搜索出的位置要更靠前，这样便更容易引起客户的注意。

2. 更高的权威性

公众账号认证很像产品认证，都是在身上打上一个"合格"的标签。有了这个官方认证的标签，公众账号会显得更具权威性，从一定程度上区分于那些没有被认证过的公众账号。这对于越发注重正规化和品牌化产品的客户来说，具有十分重要的意义。

3. 更齐全的功能

订阅号和服务号在经过认证后，都会出现新的特色功能。订阅号会开放自定义接口，服务号会开放高级接口。这些功能可以使商家拥有更多的营销选择，采取灵活多变的策略吸引客户的注意，如图4-2所示。

图 4-2　微信公众平台的分类

上述 3 点说明了公众账号认证的必要性。但是认证并非轻易能够申请成功的，若想达到这一点，需要满足以下两个必需的条件。

（1）**足够的粉丝数目**。按照一般化标准来说，500 名粉丝是普通公众账号所要达到的标准，1 000 名粉丝是企业公众账号所要达到的标准。如果微信营销者的公众账号是新注册的，想要快速通过认证，可以使用在微信上发展老客户或是"买粉"的办法来达成目标。

（2）**微博认证**。微信营销者如果想认证自己的公众账号，其中一个重要前提，就是具备已经被认证过的微博。这个微博可以是新浪微博，也可以是腾讯微博，两者都可以满足公众账号认证的必要条件。另外，新认证的账号必须要与微博上的昵称相符，不然无法通过认证。

若是上述两个条件都达成了，微信营销者便可以申请认证自己的公众账号，享受到微信认证的种种好处。

4.1.3　微信公众号的 3 种类型

微信公众号指的是企业或个人在微信公众平台上所申请的应用账号,这个应用账号是和 QQ 账号互通的。微信营销者利用微信公众号可以在微信公众平台上与特定的人群进行文字、图片、语音和视频等的互动和沟通,那么微信公众号有哪些分类呢?

1. 订阅号

订阅号主要功能是为用户提供信息。

(1)无论是企业还是个人都可以申请订阅号,但个人申请不能获得微信认证。

(2)订阅号每天可以群发一条消息。

(3)所发的消息显示在粉丝的订阅号折叠文件夹中。

(4)订阅号被放在粉丝通信录中的订阅号折叠文件夹中。

(5)可以与第三方网站合作开发应用。

2. 服务号

服务号主要功能是为用户提供服务。

(1)只有包括个体工商在内的企业才可以申请服务号。

(2)只能在一个自然月内发送 4 条群消息。

(3)所发消息直接出现在粉丝的聊天列表中,不折叠。

(4)服务号放在粉丝通信录中的服务号文件夹中,点开就可以看到所有的服务号。

(5)可以申请认证,可以实现微信支付,还可以开发类似于微商城等高级功能。

(6)可以与第三方网站合作开发应用。

3. 企业号

企业号不常用,主要功能是使得企业、政府机关、医院、学校等事业单位和非政府组织与员工、上下游合作伙伴和 IT 系统建立连接,与此同时使得管理流程实现简单化,信息沟通与协同实现高效化,一线员工的服务和管理能力实现大幅提升。

4.2 微信公众号的后台功能

4.2.1 用户管理

当公众号粉丝达到一定数量时就要进行用户管理了。订阅用户群体在功能区可以实现同类用户分组和特定用户备注等管理。

1. 分组

大部分企业公众号都有各种用户群体，包括本单位员工和业务单位用户等，因此可以新建分组来管理这类用户。对于个人公众号来说，常见的分组是家人、朋友、同事和同学等，同样也可以通过新建分组来分类进行管理。分类管理之后，微信营销者就可以根据需求，有针对性地向某个或某几个群组发送内容了。

2. 添加

用户列表前方都有一个复选框，通过勾选复选框可以实现添加分组管理，将指定用户添加到目标分组。对于那些新增用户数量较大的公众号来说，添加到分组功能是非常有效和实用的。

3. 搜索

当用户群数量非常多时，想要找到某个用户就变得非常困难。这时可以利用搜索框进行搜索，只要输入目标用户即可快速定位找到该用户，尤其对于企业管理来说是非常方便的。

4. 未分组

未分组就是没有分组匹配的选项，其与"添加到"类似，也是通过勾选复选框来将目标用户划分到该选项中。

5. 备注

很多用户的微信昵称都不是其真实名称，所以在管理用户时可以将备注改为实名，或者将特定用户修改成更便于自己标记的备注名，这样管理起来会更加方便。

4.2.2 素材管理

素材管理就是对素材进行一系列的管理,包括管理群发内容以及撰写完成但未发送的内容等。素材管理可以看成是一个文件夹,而一周的内容就是其中的文件。运营者可以通过素材管理进行新建图文消息、编辑和删除消息等。

1. 新建

微信上发布的消息,一般可以分为单条图文消息和多条图文消息两种。两种方式的新建方法相似,以单条图文消息为例,我们在微信公众平台登录后,依次选择"素材管理"——"单条图文消息"——"新建单条图文消息",就可以进行图文消息的创建了。

2. 编辑

想要编辑图文消息时可以单击目标图标直接编辑,也可以在编写好的内容基础上进行增加或删除内容,同时还可以对内容进行修改。需要注意的是,群发过的内容也可以重新编辑,然后进行二次群发;所以,当内容出错时,可以纠正后重新发送。

3. 删除

删除功能可以删除某些图片或文章等素材,只要单击目标素材即可进行删除。需要注意的是,公众号运营者是无法删除或撤销收回发送完成的内容的,只能删除素材库中的内容。但如果没有特殊原因的话,建议不要轻易将素材内容删除。

除此之外,我们还可以在导航栏中对上传到公众号的图片、语音和视频等素材进行管理,包括名称的修改、分组的修改及部分素材的删除等。

4.2.3 自动回复

公众号运营者在后台发布信息之后,订阅用户就可以接受和阅读信息内容了,这是一种一对多的自媒体方式。因此,运营者需要面对的是千千万万个用户,不可能及时迅速地回复每一个用户的信息,同时也很难第一时间欢迎每一个新加入的用户,这时设置自动回复就变得至关重要了。

(1)用计算机登录微信公众号,选择"自动回复"选项,如图4-3所示。

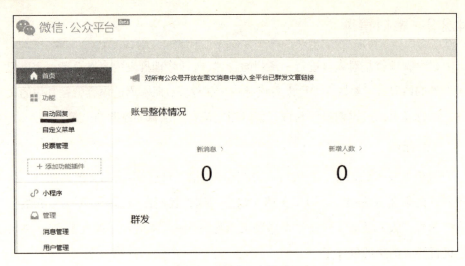

图 4-3 "自动回复"选项

（2）在打开的界面中选择"被添加自动回复"，设置一些欢迎性的内容，当用户关注公众号时就会收到这些回复内容。这里我们以"关键词自动回复"为例，如图 4-4 所示。

图 4-4 "关键词自动回复"选项

（3）单击"关键词自动回复"后，接着选择"添加规则"，如图 4-5 所示。

（4）在规则名中输入好内容之后，接着就可以添加关键字了，添加完成后单击"保存"按钮即可，如图 4-6 所示。

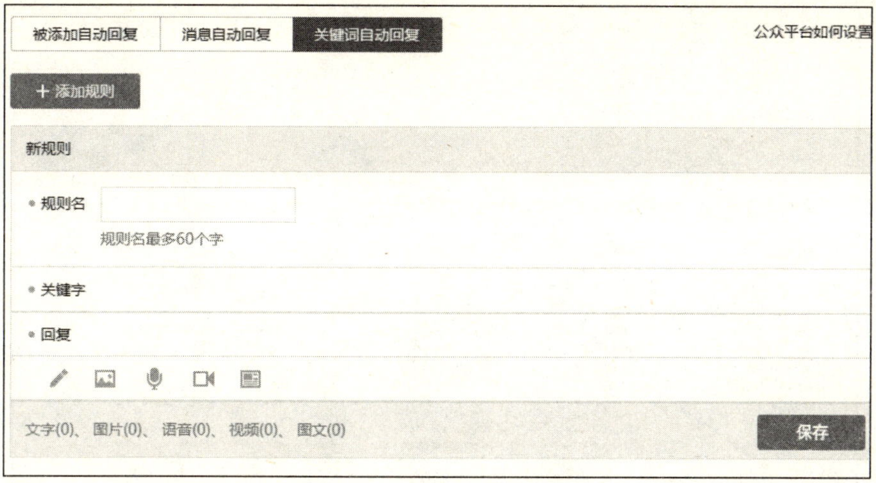

图 4-5 "添加规则"选项

图 4-6 "添加关键字"选项

4.2.4 广告主与流量主

广告主功能属于微信公众平台官方的广告系统。广告主功能可以帮助运营者更加精准地向不同年龄、性别和地区的人推广自己的服务，并以此来获得更多的潜在客户。那么如何申请广告主呢？

（1）登录微信公众号后台，单击左侧位置的"广告主"选项并选择"申请开通"，如图 4-7 所示。

（2）按照提示操作，在"同意协议"界面选择"我同意并遵守以上条款"，然后单击"下一步"按钮，如图 4-8 所示。

图 4-7 "申请开通"选项

图 4-8 "同意协议"界面

（3）在"选择行业"界面中选择自己的行业信息，然后单击"提交审核"等待审核通过，如图 4-9、图 4-10 所示。

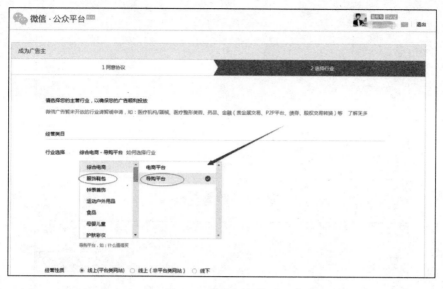

图 4-9　选择行业界面

图 4-10　"提交审核"选项

　　流量主功能也是微信公众平台官方的广告系统,公众号运营者自愿让出公众号内的某个指定位置,用来让广告主分享广告,流量主以此来获得一定的收入。那么如何申请流量主呢?

　　(1)登录微信公众号,在首页左侧单击"流量主",然后在新界面中单击"申请开通",如图 4-11、图 4-12 所示。

图 4-11　流量主界面

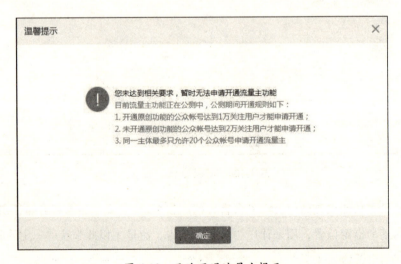

图 4-12　流量主申请开通

（2）需要注意的是，开通原创功能的公众号需要有 1 万用户关注，未开通原创功能的公众号需要 2 万用户关注，满足以上条件才能申请开通流量主，如图 4-13 所示。

图 4-13　无法开通流量主提示

（3）如果满足以上条件，则可以进入下一步，阅读无误后选择"我同意并遵守以上条款以及《腾讯微信公众平台广告展示服务协议》", 并单击"同意"按钮, 如图 4-14 所示。

图 4-14　单击"同意"协议选项

（4）单击"选择流量主标签"，确认后填写你的银行卡信息，审核一旦通过，流量主功能就申请成功了，如图 4-15～图 4-17 所示。

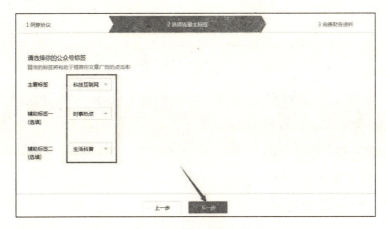

图 4-15　选择流量主标签

1. 广告主功能优势

（1）资源广：拥有 4 亿潜在微信活跃用户投放量、优质公众号 200 万以上，每天展示推荐上亿次，覆盖多个行业领域。

（2）定位精准：对微信用户属性定位精准，使得推广内容的点击率得到有效提高。

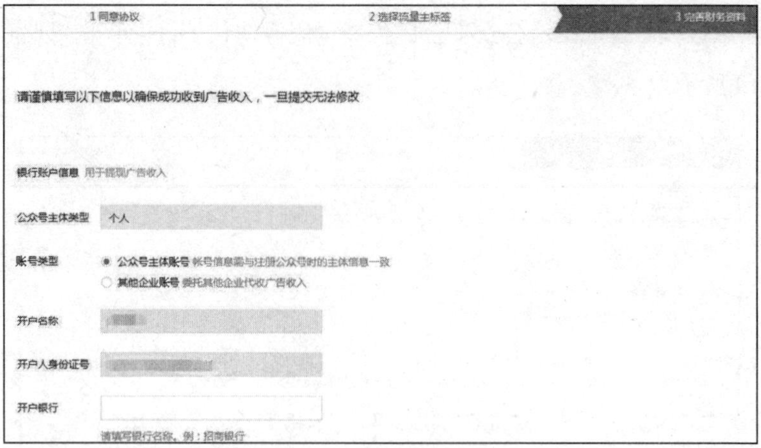

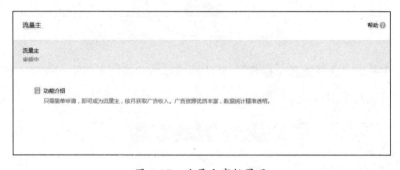

图 4-16　完善财务资料

图 4-17　流量主审核界面

（3）管理可控：采取智能广告的竞价机制，依照最终效果来付费，使得管理预算更加可控，最大化的实现价值提升。

（4）闭环服务体系：依托微信而立，使得广告主价值提高，实现了会员营销和在线支付等闭环服务体系。

2. 流量主功能优势

（1）有收入：可以通过提供展示位来获得广告主带来的收入。

（2）开通方式简单：只要在公测期间达到 10 万用户关注度并签订相关电子协议即可开通。

（3）数据明了：可以清晰明了地查看前一天的收入、点击率和曝光度等数据。

（4）收入稳定：流量主采取月结的收入模式，定期入账，收入既稳定又轻松。

4.2.5　群发功能

开通公众号之后就可以编辑群发消息了，群发功能可以将内容信息有效及时地发送给目标用户，简单又方便，为运营者节省了不少时间，那么如何群发消息呢？

登录微信公众平台首页，单击"新建群发消息"按钮后根据自己的实际需求填写相关文字、图片、语音或视频即可，然后选择好群发的对象、性别和地区等，如图4-18（1）所示。

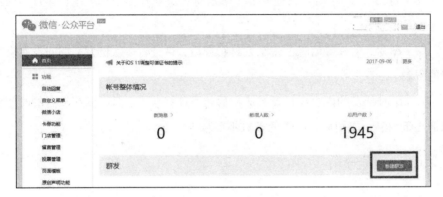

图 4-18（1）　"新建群发信息"选项

另外，在新建群发信息中，新增了定时群发功能。需要注意的是，定时群发具有时间限制，我们可以在5分钟后的今明两天内，选择任意时刻发送信息，如图4-18（2）所示。

图 4-18（2）　"定时群发"选项

除了上述所讲之外，在使用群发功能时还要注意以下几点。

（1）图文标题上限为 64 个字节。

（2）内容字数上限为 600 个字符/600 个汉字。

（3）语音可以是 mp3、wma、wav 和 amr 格式，最大 5MB，最长 60 秒。

（4）视频可以是 rm、rmvb、wmv、avi、mpg、mpeg 和 mp4 格式，最大 20MB。

（5）群发暂不支持中英文之外的语言。

（6）订阅号 24 小时内只能群发 1 条消息；服务号 1 个月（按自然月）内可发送 4 条消息。

（7）图片、语音等信息上传至素材管理后，可进行多次群发，期间没有有效期的限制。

（8）定时群发的内容一旦设置成功后就不能修改了，但可以在设定的时间前取消这条消息。取消后，群发的条数不会减少。

4.2.6 用户分析

用户分析属于公众号后台管理的一个功能，通过用户分析，公众号运营者可以对近期新增用户、取消关注用户、净增用户、积累用户、增长来源和用户属性进行观察，实现更直观的公众号走向。

1. 新增用户

新增用户显示的是近 1 个月内每日的新增用户，以图表曲线的形式展现，效果更直观，更容易帮助运营者对未来发展趋势做出判断。

2. 取消关注用户

取消关注用户显示的是近期取消关注的人数，当公众号运营者发现大批粉丝取消关注时先不要心慌，很可能是以下两种原因造成的，这属于正常现象。

（1）红包活动或有奖活动过后大批粉丝取消关注。

（2）近期无优质内容推送，经常发广告文案。

如果不存在以上两种状况，但粉丝仍然出现骤降，那么公众号运营者一定要提高警惕，找到掉粉的原因，设法解决问题，否则长此以往会造成不良的后果。

3. 净增用户

净增用户=新增用户-取消关注用户

公众号运营者要时刻关注净增用户数量，使其保持在正数范围内，一旦净增用户数量为负值就表明公众号进入了下行状态。

4. 积累用户

公众号运营者只要登录公众平台就可以在首页看到积累用户数量。而对于用户来说，通过观察订阅用户增长曲线图可以分析公众号的发展状况。

5. 增长来源

打开新增用户数的下级菜单，公众号运营者就可以观察到用户数量增长的来源，也就是粉丝关注公众号的渠道，包括以下几个方面。

（1）搜索公众号名称。

（2）搜索微信号。

（3）单击图文右上角菜单。

（4）分享名片。

（5）扫描二维码。

大部分用户是通过二维码扫描来关注公众号的，但也有很多用户是通过搜索名称查找到公众号的，如果以上 5 种渠道中某一种是你的公众号粉丝基本上不使用的方法，那就说明在该渠道上公众号的营销力度还不够，需要加强推广，达到事半功倍的效果。

6. 用户属性

前面介绍的都是可以观察的数据分析，而用户属性相对来说没有那么直观，但对于公众号运营者来说是十分重要的。用户属性包括用户的性别、语种、地域以及所使用的智能终端类型等，常常以饼状图或柱状图等形式呈现出来，帮助公众号运营者对用户群体进行客观分析，以此来做出具有价值意义的决策。

4.2.7 图文分析

前面提到的用户分析可以帮助公众号运营者把握公众号的近期发展状况，同时从宏观角度对公众号进行分析。而图文分析则帮助公众号运营者从微观角度分析公众号内容，通过阅读量、收藏量和转发量来分析用户对近期内容的反应。

1. 送达率

送达率关注的是公众号的图文消息所送达的人数，送达率通常在95%～100%是正常的。

2. 图文页阅读率

图文页阅读率关注的是点击打开文章的人数。需要注意的是，同一个粉丝连续打开阅读页只计算1人数量；换句话说，图文阅读人数是去重人数。与此同时，即便是未加关注的用户点击阅读也会算进图文页阅读数量中去；换句话说，阅读次数是不去重复人数的。

3. 原文页阅读率

原文页阅读率计算方法与图文页阅读率相同。但原文页指的是在图文页的界面单击"阅读原文"后进入该界面。有的文章根本没有"阅读原文链接"，所以原文页阅读人数会出现0的现象。想要添加"阅读原文"链接时可以在编辑界面单击"添加原文链接"，然后输入本文链接即可。

4. 收藏转发率

收藏转发率是非常重要的数据，用户觉得公众号内容好，值得一读才会真正去收藏或转发，也只有这样才会计入数据中去。需要注意的是，收藏转发数量包括并未订阅的用户，是去重复操作数据。

其实图文分析数据还包括图文转化率，也就是图文阅读数与送达数的比值。这项数据在没有任何活动的正常状态下才有参考价值，因为一旦有了活动，数据波动较大，也不是公众号的正常水平。

4.2.8 微信小程序

2017年1月9日，微信小程序正式上线。它是一个无须下载就可以使用的应用程序。用户只要搜一下或扫一扫，就能够将它打开，十分方便。而对开发者来说，它拥有较低的开发门槛，其功能包括消息通知、公众号关联、线下扫码、对话分享、小程序切换、历史列表、搜索查找等。接下来，我们来看一下注册微信小程序的方法。

（1）进入微信公众平台，选择"立即注册"选项，如图4-19所示。

图 4-19　微信公众平台登录界面

（2）进入"请选择注册的账号类型"界面，然后单击"小程序"选项，如图 4-20 所示。

图 4-20　选择注册账号类型

（3）将基本信息填好，填完后可在注册邮箱中收到一封确认邮件。用户需注意每个邮箱只能单独注册一个小程序，如图 4-21 所示。

（4）打开确认邮件，单击确认链接，完善注册信息，并在类型中选择"企业"，进行企业认证。需要注意的是，目前只有政府、媒体、企业和其他组织可以进行注册，个人不能认证。因此，需要通过微信认证后，用户才能进行接下来的注册步骤，如图 4-22 所示。

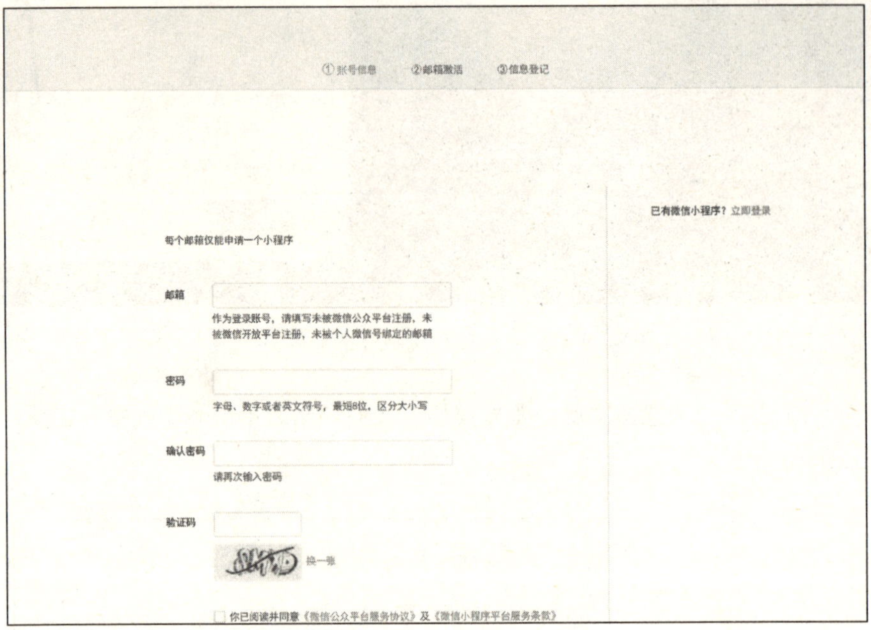

图 4-21　账号信息界面

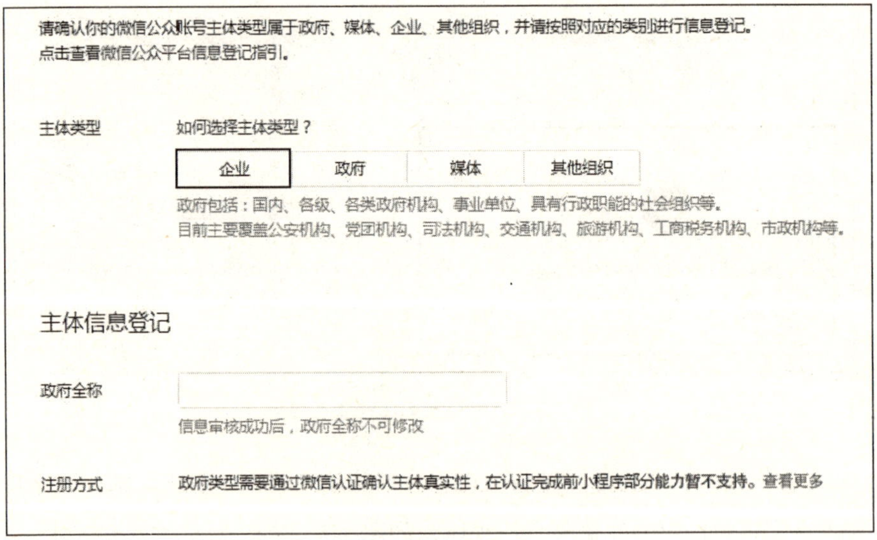

图 4-22　主体信息界面

（5）单击"认证"，进入登录成功首页。在登录成功之后，只有先认证企业信息，然后才能使用，如图 4-23 所示。

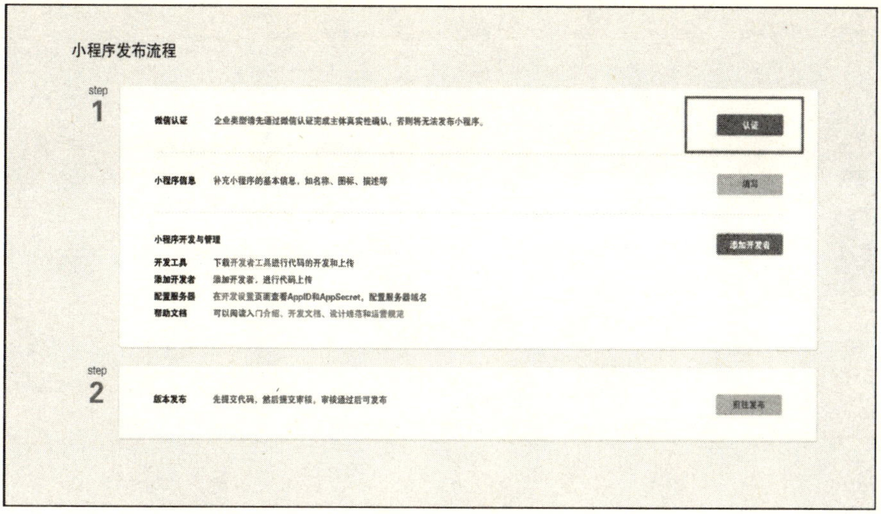

图 4-23　微信认证

（6）填写小程序的基本信息，如小程序名称、小程序头像等，如图 4-24 所示。

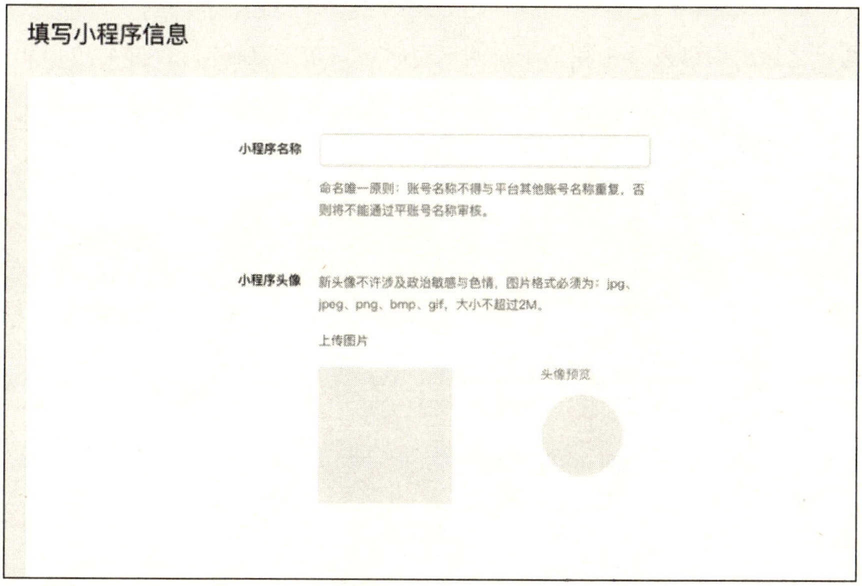

图 4-24　填写小程序信息

（7）完成小程序开发者绑定、开发信息配置环节后，开发者可下载开发者工具、参考开发文档，然后对小程序进行开发和调试，如图 4-25 所示。

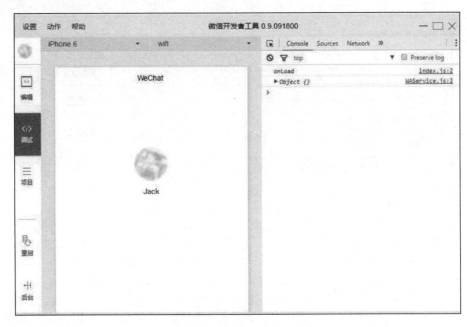

图 4-25 微信开发者工具调试

（8）在小程序开发环节完成后，可以提交代码到微信团队，等待审核。审核通过之后，即可发布（在公测时期，暂时对发布不支持），如图 4-26 所示。

图 4-26 版本发布

4.3 微信公众号的标题选择

很多公众号内容做得好，但是阅读量却永远提不上去，这是为什么呢？其主要原因在标题上，所谓题好一半文，好的标题是公众号传播的重要前提。那么如何才能写好公众号内容标题呢？

1. 抓住粉丝痛点

抓住粉丝痛点就是要把粉丝最关心的要点体现在内容标题上。如正和岛公众号上所发表的一篇文章，标题是《如果你读不完〈失控〉，至少可以读完这 50条书摘|收藏吧》。

作为 2014 年互联网经典读物，《失控》最大的特点就是厚重，大多数人很难看完，所以找出书中的精华书摘是一个很好的分享角度。那么接下来就是找出粉丝的痛点了。

痛点一:《失控》，核心粉丝基本上都知道这本书。

痛点二: 厚重看不完，多数核心粉丝均承认没有读完这本书。

痛点三: 50 条书摘，阅读压力马上减小。

痛点四: 收藏吧，担心还是读不完，推波助澜一把，让粉丝收藏。

只要把痛点提炼出来，那么写标题相对就变得简单多了。

2. 体现生活场景

越贴近生活场景,越容易受到粉丝的关注。其实我们日常生活的场景有很多:出门挤公交、路上打车、上班加班、租房买房、家里逼婚、享受懒觉……只要标题体现日常场景，那么被点开的概率就会大大增加。

【《做 PPT 时，如何突出中文字体的美感与力量》】

这篇标题体现的就是基层员工的常见工作场景:做总结、做方案、做展示，都离不开做 PPT。这篇文章还有其他的标题，那就是《如何突出文字的力量》。

很明显场景弱化，文字有中文也有英文，设计上难易程度也是有差距的，不如像第一个标题一样直接表达出是中文字体。而优秀的 PPT 更是集中文字体、美感和力量于一体，所以体现生活场景是极其重要的。

3. 找出关键矛盾

前阿里高管鬼脚七曾经写过一篇文章，标题是《打车软件和出租车司机的命运》。

有专业人士读过这篇文章之后提炼出了文章的关键信息：前阿里高管、打车软件火拼、最终的受害者，并给出了新的文章标题《前阿里高管解密：打车软件火拼，最终受害者是出租车司机……》

很明显，知道阿里的人要多过知道鬼脚七的人，所以将"前阿里高管"提炼出来，更具权威。而粉丝通常会对"受害者"这样的字眼比较敏感，关注度也比较高，所以找到关键矛盾形成冲突，一个标题就拟好了。看到"前阿里高管解密：打车软件火拼，最终受害者是出租车司机……"这样的标题，粉丝会产生疑问：打车软件火拼，怎么受害者反倒成了出租车司机？难道他们不是最大的受益者吗？带着这样的疑问，害怕粉丝不会点开你的文章吗？

4. 激起粉丝欲望

写标题时，不要将全部关键点暴露给读者，否则知道了结果谁还愿意点开读下去。以下面的标题为例：

（1）《王兴：互联网会根本改变所有行业，但不一定发生在最底层》；

（2）《王兴：我最近正在读 1 本书，思考 3 个问题……》。

同样的文章，两个不同的标题，点开第二个标题的粉丝数量就会更多一些，因为第二个标题贴近我们的日常生活，读者看到后就会想：王兴到底在思考什么问题呢？于是会禁不住点开。总之，在标题中体现出人们关注的内容，在引起读者的好奇心之后让他们在文章内容中寻找答案。

5. 提高识别度

我们首先要对知名度和识别度做一下区别。知名度是指人们都知道的人物或者企业，如柳传志、阿里巴巴等；而识别度指的是人们听到某个名字后就会产生标签印象，如"罗辑思维"和罗振宇等。

公众号标题里一定要有鲜明的识别度，用标签和个性化内容代替传统的名人效应。如谷歌创始人拉里·佩奇，名声足够大，但对于中国人来说，说"谷歌创始人"要比说"拉里·佩奇"更具识别度。同样的道理，"徐志摩前妻"也比"张幼仪"更有识别度。我们一起来看一下相关的标题：

（1）《谷歌创始人"公开羞辱"员工后的第二天……》；

（2）《徐志摩前妻：身为备胎，却活出女神范儿……》。

6. 引起粉丝共鸣

与粉丝扯上关系，让粉丝感同身受，觉得这篇文章就是自己的缩影，就是写给自己的，这样的标题才能真正房获粉丝的心。如标题《我还年轻，让我再穷一会儿……》，这个标题戳中了无数青春奋斗的心，带着自嘲的口气，不仅体现了贫穷但闪光，同时也是对心灵的一种慰藉。

7. 文字干净利索

做到文字干净利索虽然不需要什么技术，但对于语感的要求却很高，也没有绝对的规律可循。我们先来看一个例子：

（1）《万能的面馆，是如何用一条微博引爆传播的？》；

（2）《万能面馆，如何用一条微博引爆传播？》。

第二句只删了3个字读起来就顺畅多了。

当我们想要加强语气时还可以使用反问或设问语气。总之，语言既是一门技术又是一门艺术，我们要抱着严谨的态度多多观察、模仿和学习，才能写出真正发人深省的标题和文章。

4.4　微信公众号的内容选择

4.4.1　与用户相关内容

大部分人在朋友圈分享和发送的文章都与自己的生活息息相关，包括美食、工作、生活、家庭、见闻、喜好和态度等，因此公众号文章想要得到广大用户的分享，就可以以大众生活为主题，如：

（1）《O型血，上辈子折了翼的天使，不是O型的人不要看，切记！》这篇文章一看标题就与我们的血型有关，很容易引起大家的注意。其实凡是与血型、星座和属相等有关的内容都是用户喜欢看的主题，因此也很容易引起广泛分享；

（2）《太可怕了，有孩子的朋友必须看！》这篇文章则与孩子有关，势必引起有孩子的家长注意，即便是没有孩子的人，也会为有孩子的亲戚、朋友或同事分享和转发。

其实所有人对与切身利益有关的文章都会敏感，所以多关注与人们日常生活相关，或者大家经常遇到和面对的事物，更容易将读者带入其中，因此分享就变得水到渠成了。

4.4.2　有感观刺激的内容

大部分人都是感性动物，我们所做的每一个决定、我们的每一个举动基本上都是以感情为基础的，那些触动感官的事物更容易激起人类的生理反应，而生理刺激又容易引起情感反应，并以此来驱使我们做出某些行为。公众号文章可以设法调动起读者的感官刺激，以此来促使其产生分享行为，如：

《毒疫苗事件，我们在弄死自己的路上又进了一步》这篇文章就容易使读者产生恐惧的心理，因此读者很容易就会分享该文章，让所有亲戚朋友都引起重视。

4.4.3　激发正义感的内容

人们对真善美均抱有一定的渴望和追求，每个人的内心都有一股正义感，都会对周围所发生的事情进行道德评判，并以此来寻求理解、认可和尊重，因此容易激发读者正义感的文章也更容易被分享，如：

"沉默你就变成了帮凶"这句话，很容易让充满正义感的读者分享出去，这要比"分享到朋友圈就有机会获得精美奖品一份"更具有诱惑力，因为"沉默你就变成了帮凶"可以塑造出自己的正义形象，更易受到他人的尊重。

其实每个人心里都有一定的道德评判，只要抓住这些人内心深处对社会的不平心态，就很容易使其追随于你。

4.5　微信公众号的排版与优化

4.5.1　图文并茂

好的文章配上好的图片才算精彩，图片配得好不仅可以吸引粉丝，还会为文章增添不少魅力。微信公众号中常见的插图包括封面配图和正文配图，两种图片各具特色，挑选方法也不尽相同。

1. 封面配图

（1）干净突出

封面图片配得好不仅可以激发读者的阅读欲望，还能锻炼编者的审美品位和习惯。在挑选封面图片时，一定要选择背景干净、重点突出的照片。如果背景混乱，很容易将读者的目光转移，重点不突出也会使得内容出现干扰，导致整个构图出现混乱的现象。因此在为封面挑选照片时，一定要优选背景干净、重点突出的，同时还可以进行个人简单加工，打上品牌印记，让粉丝看到你背后的精心设计和付出。

（2）尺寸标准

微信所规定的图文封面尺寸为宽度 900 像素、高度 500 像素。因此，我们在为公众号内容的封面配图时，一定要合乎标准，大致为图片设置好比例，不一定非得是规定数值，做到相对比例即可，如图 4-27 所示。

图 4-27　封面尺寸图

（3）核心居中

所谓核心居中，就是指封面上的核心内容要处于居中的位置，这样一来分享到朋友圈的内容会自动选取中间的正方形部分转发预览，使得核心内容得以体现。与此同时，当我们要调整图文位置时，即便是头图，如果想要用更重要的文章将其覆盖，编辑器也会自动将两边的内容裁掉，如图4-28所示。

图 4-28　居中示意图

2. 正文配图

（1）与内容相近

在为正文配图时，首先要做到的一点与封面配图一样，就是与内文相近，而且要处理好图片的冷暖色调，大小也要做到统一别致，如图4-29所示。

图 4-29　内容相近示意图

（2）留出空隙

所谓留出空隙是指图和文字之间要有一定的空隙，这样可以提高读者的观赏性。最好是上下空一行，图片下尽量用 10 号或 12 号字对图片做出解释说明，例如本图片出自哪里，将版权写明，以此来规避不必要的风险。另外，图片宽度最好设置为不低于 320 像素，不高于 640 像素，否则过低看起来特别小，过高微信也会将其压缩。

4.5.2 置入声音

微信公众号内容中置入声音不仅可以大量收集碎片化时间，还解放了用户的阅读时间，使得传播方法不再限制于文字和图片之间，为众多公众号运营者带来了方便。那么如何为公众号内容添加语音呢？

（1）登录微信公众平台，进入后台，选择"管理"下的"素材管理"选项，然后选择"新建语音"选项，如图 4-30 所示。

图 4-30 "新建语音"选项

（2）在打开的新建语音素材界面中输入相关信息，单击"保存"按钮，如图 4-31 所示。

（3）返回素材图文消息界面，进入图文消息编辑界面，如图 4-32 所示。

（4）在打开的界面中选择自己准备好的语音素材，如果没有现有素材则单击"新建"按钮，直接上传语音，完成后单击"确定"按钮，如图 4-33 所示。

（5）打开图文编辑框即可看到自己添加的语音，如图 4-34 所示。

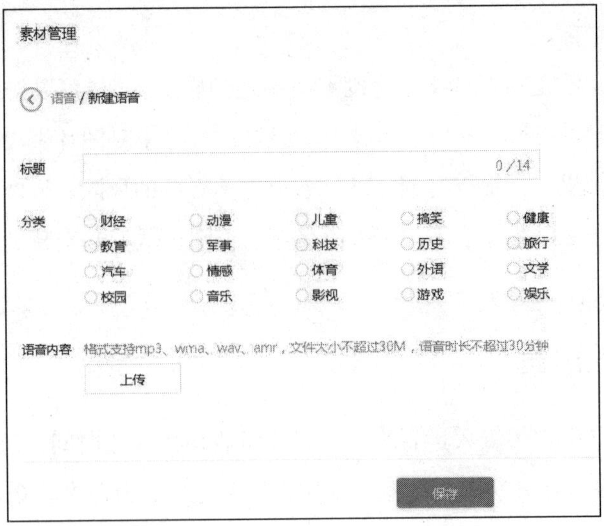

图 4-31　新建语音素材界面

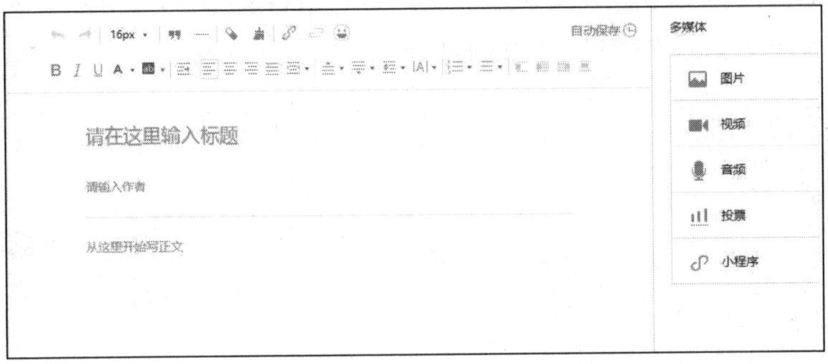

图 4-32　图文消息编辑界面

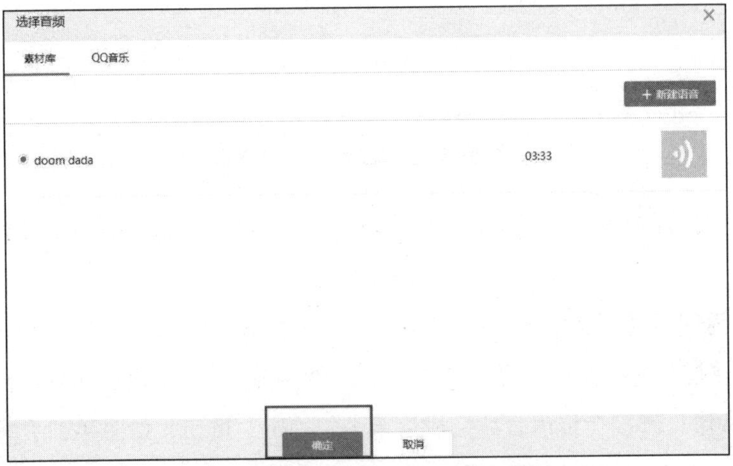

图 4-33　单击"确定"按钮

图 4-34　图文编辑框

4.5.3　视频播放

微信公众号不仅可以添加声音，还可以添加视频。视频播放更加形象化，也更直观；同时还可以给读者带来视觉冲击，留下深刻印象。那么如何在公众号内容中加入视频呢？

（1）同前面所讲的置入声音一样，首先打开素材管理界面，如图 4-35 所示。

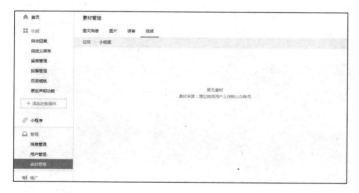

图 4-35　素材管理界面

（2）然后单击"新建图文消息"中的"视频"选项，如图 4-36 所示。

图 4-36　"新建图文消息"界面

（3）进入选择视频界面，选择"视频链接"，如图 4-37 所示。

图 4-37 "视频链接"选项

（4）接着从浏览器中搜索腾讯视频，打开腾讯视频官网，选择自己想要添加的视频，并复制通用代码，如图 4-38 所示。

图 4-38 复制通用代码

（5）将找好的视频网址复制下来，粘贴到之前打开的视频链接对话框中，然后单击"确定"按钮，如图 4-39 所示。

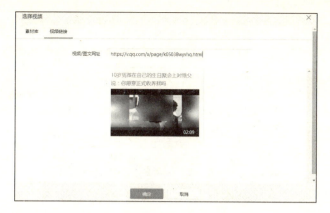

图 4-39　视频网址复制粘贴

（6）在图文列表对话框中我们会发现封面图片位置，这里必须要插入一张图片作为封面，所以建议选择一张与视频内容相关的图片上传即可，然后单击"保存"按钮，如图 4-40 所示。

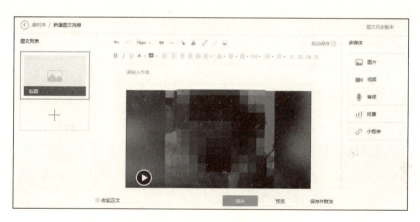

图 4-40　上传图片信息

4.5.4　软文植入

大部分企业都会通过微信公众号来进行推广营销，而软文植入广告不仅可以节省成本，降低广告的受干扰度，同时广告的营销模式也较为灵活。那么如何在软文中植入广告才不会让用户感到反感呢？其主要有以下几个方面，如图 4-41 所示。

1. 故事植入

大部分人都喜欢听故事，所以公众号可以采用讲故事的方式植入广告。不管是企业文化故事、企业运营过程中发生的事件，或者是企业创始人的创业故事，都是不错的选材。这既可以让用户了解和感受企业文化，又可以将企业产品毫无违和地介绍出来，合情合理又妥帖自然。

图 4-41　软文植入方法

2. 图片植入

所谓图片植入，就是用图片和软文来介绍产品。它可以在软文中插上产品的水印或 Logo，看起来尽量美观，这样出来的效果会更自然些。同时，它也可以直接配上有关产品的宣传图。需要注意的是，图片做得好，不仅可以吸引用户的眼球，同时还会赋予产品人格魅力，让产品品牌与用户紧密联系在一起，这也使广告植入变得更加自然。

3. 段子植入

很多人都喜欢好玩儿有趣的段子，因为这些段子幽默中带有一丝人生感悟，给平淡的生活增添惬意的同时，还能让大家悟出很多人生哲理。由此可见，企业如果能够将广告植入段子中，不仅不会让用户感到反感，反而会使其为自己精妙的创意而赞叹。

4. 热点植入

在移动互联网时代，时时刻刻都可能出现舆论热点，而这些热点也是大家最常关注的地方。因此，公众号可以利用热点来设计广告，潜移默化地将广告带到用户跟前，这样用户非但不会反感，反而会赞叹这种想法的精妙之处。

5. 视频植入

视频植入就是在软文中插入与企业或产品相关的视频，还可以插入语音介绍。有条件的可以邀请明星来录制，或者也可以让企业老板或相关负责人来录制。总之，录制人最好有一定知名度或影响力，这样会更有说服力。

6. 体验式植入

很多人喜欢在朋友圈里晒生活、晒感想、晒经验，在一系列的"晒"中常常会涉及自己使用的产品或服务，而通过这种传播方式达到的口碑效应是非常显著的。所以建议企业开展活动，设法让用户将自己对产品的体验表达出来，通过奖品鼓励的方式激发其传播品牌的愿望。

其实软文广告植入的方式有很多，但在植入广告时一定不能忽略用户的兴趣和体验，这样才能真正提高其黏性，实现口碑传播。

4.6 微信公众号的推送方案

内容推广就是指通过创建与用户相关的、具有价值和吸引力的内容，以这种方式吸引用户关注或购买的营销推广方式。对于微信营销来说，内容推广是一种重要的营销方式。只有将内容打造好，微信营销者才能在微信平台上构建稳固的宣传阵地，与用户展开良好沟通，从而实现营销目的。

1. 总体规划

在微信营销者进行内容推广之前，第一步就是对内容进行总体规划，一般来说，总体规划分为以下 3 个步骤，如表 4-1 所示。

表 4-1　公众号内容总体规划表

步骤	解析
定位	结合品牌特点、目标群体需求进行内容定位，如针对年轻人的自由、个性化定位
筛选	要从与品牌关联性、趣味性、实用性、个性化、多元化等相关的多种角度来筛选内容，使内容更加完善，且符合实际需要
划分	以内容风格为基础，划分不同类型，如适合户外、母婴、保健、家居等类目商品的专业知识型

2. 传递价值

不管发布的是什么内容，都要具备吸引人们关注的特质，换句话说，就是内容能够为用户提供价值。例如，一个售卖医疗用品的商家，所发内容就要与普通人养生息息相关，可以是健康的运动、饮食、生活等知识，这些信息可以为人们提供看得见、摸得着的实际指导，从而对具有养生需求的人产生价值。

此外，要注意内容的时效性和趣味性，尽量发送最新的信息并采用图文结合的形式，从而在最大程度上引发用户的关注兴趣。

3. 合理搭配

微信营销者发送的内容不能太单一，而要进行合理的搭配。例如，将生活类内容、旅游类内容、故事类内容以及产品类内容组合发送，就会明显强于发送单一方面内容。这种合理搭配的内容发送方式，更容易给用户带来期待感和满足感，进而引发长期关注效果。

4. 巧妙表述

在发送有关产品的营销内容时，要注意表述方式的选择，不能直接将产品信息发布出来，以免引发用户的反感。此时最好的选择就是采取软文营销的方式，把产品信息与当前热点、明星大腕等时尚趣味因素巧妙联系起来，使人在不经意间对产品或服务产生了解，心甘情愿地接受营销内容，从而产生购买兴趣。

5. 注重人称细节

在内容打造时要注重人称上的细节，这样能够给用户提供更强的代入感，让他们觉得亲切。在具体撰写过程中，尽量少用"客户""你们""他"等统称或第三人称用词，多用"你""我们"等拉近距离、直观化的用词，这样更易获得用户的好感。

6. 内容发布

在发布内容时最好选择用户较为空闲的时间段，一般来说，上午 7:00～9:00，中午 11:00～12:00，下午 14:00～16:00，晚上 17:00～22:00，是较为适宜的内容发送时间。我们可以根据自身内容特点和目标用户情况，选择最为合适的发送时间，如表 4-2 所示。

表 4-2　公众号内容发布时间表

具体时间	相关描述
上午 7:00～9:00	用户在上班路上，喜欢读一些早间新闻、媒体资讯

续表

具体时间	相关描述
中午 11:00～12:00	用户的饭前与饭后时间，喜欢读一些轻松、幽默类内容
下午 14:00～16:00	用户的下午休息时间，愿意读一些休闲类的内容和时尚类信息
晚上 17:00～22:00	用户下班和晚上休息的时间，喜欢读一些有深度的内容，如心灵鸡汤、生活感悟等

7. 吸收反馈

微信营销者在做内容营销时，要注意多与用户进行交流沟通，吸收他们对于内容的补充修改意见，这样做能够引发他们的好感，使他们得到更为出色的服务体验。此外，竞争对手的内容发布情况也需要营销时时进行关注，从中找到值得借鉴的点，查漏补缺，使自己的内容变得更加出彩。

4.7 微信公众号的营销策略

4.7.1 互动营销

我们在做微信公众号营销时，遇到的第一个问题就是如何与粉丝开展有效互动。如果这个问题无法解决，就谈不上后续的营销环节。那么，怎样做才能和粉丝进行良好的互动沟通呢？其主要有以下 3 个方法，如图 4-42 所示。

图 4-42 互动营销的方法

1. 拓展互动渠道

要想与粉丝进行有效互动，就要拓展现有的互动渠道，不能把互动交流仅限于微信公众平台上，而是要通过 QQ、邮件、论坛等不同形式，产生交叉配合的效果，与粉丝建立更为紧密的联系。

此外，如果有条件，最好开通线下面对面互动交流的渠道，如粉丝见面会、线下体验店活动等，通过现实中的沟通，与粉丝建立牢不可破的关系。

2. 发送优质内容

内容是微信公众号与粉丝进行沟通的关键，就好像现实中的面试，成功与否在很大程度上取决于面试双方所聊的内容。

我们在发送内容时需注意以下几点，如图 4-43 所示。

广告类内容、重复类内容、违反社会道德和法律法规的内容，都是坚决禁止发布的内容。因为这样做不但会引发粉丝的反感，还会有封号，甚至受到法律制裁的危险

内容的基础是粉丝，只有符合粉丝需求的内容才是好内容。例如，大部分粉丝喜欢创业类故事，我们在内容上就要侧重于这一方面

在内容效果不会被破坏的前提下，我们可以发送一些宣传推广类信息，但是此类信息要对粉丝具有一定的实用价值

图 4-43　发送内容时的注意事项

3. 使用粉丝喜欢的形式

粉丝喜欢哪种形式的内容，我们就要将内容加工成粉丝喜欢的形式。如粉丝喜欢评论类文章，内容就要加工成此类文章；粉丝喜欢论坛帖子，内容就要加工成此类帖子；粉丝喜欢视频，内容就要加工成视频。

当然，无论是何种形式的内容，一定要在其中体现互动形式，允许粉丝发表意见，这样才能引发粉丝最大的关注兴趣。

4.7.2　活动营销

微信公众号有很多，其中受到粉丝衷心喜爱，能够令他们长期支持的却很少。如果想要公众号受到粉丝喜欢，甚至引发追捧效果，公众号运营者就要通过举办活动的方式，提升更多的粉丝的参与感，与粉丝进行良性互动，从而起到很好的吸粉吸睛效果，如图 4-44 所示。

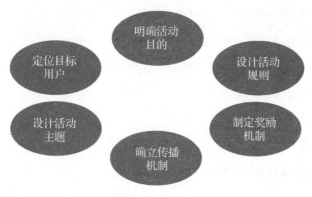

图 4-44 活动营销步骤

1. 明确活动目的

在举办活动之前，我们要先确立活动要达到何种目的，而且这个目的要具体。如举办一个新年抽签活动，目的就是借助新年背景，引发粉丝的关注和兴趣，让他们主动参与进来，从而起到宣传推广的效果。

2. 定位目标用户

目标用户的定位要精准，这是举办活动的重要前提。如我们举办七夕猜谜活动，目标用户大多为恋爱中的年轻男女，在这种情况下，我们就要根据这些年轻人的需求，开展具体的活动内容。

3. 设计活动主题

任何活动都有一个主题，主题不但与内容息息相关，而且可以为活动确立一个明确的标签，从而起到吸引目标用户注意的作用。如四季金辉公众号，开展了微信端报名看房团、图片墙等活动，主题十分明确，就是看房，吸引了很多对房地产感兴趣的用户参与。

4. 设计活动规则

既然要举办活动，就要制定一些规则，让用户在规则的框架内参与活动，从而使活动变得健康有序。设计活动规则的具体原则有 3 个。

（1）门槛低，促使更多用户参与。

（2）传播链条短，在较短时间内起到较好的传播效果。

（3）在传播形式上加入创新元素，引发更多用户的关注兴趣。

5. 制定奖励机制

奖励机制要健全，更要明确，这样才能引发大量粉丝的关注与支持。其具体原则如下。

（1）明确奖品类别，如优惠券、现金奖励等。

（2）奖品要简单化，方便用户获取。

（3）奖品要合理化，既不能太多，导致亏本，也不能太少，降低吸引效果。

6. 确立传播机制

活动已经制定完成，接下来就是传播推广了。我们可以通过目标用户中的意见领袖，或是现实中的人群代表（如果目标用户是学生，就可以借助班长或老师的号召力，进行宣传），来达到宣传活动的目的。

在开展活动、引来流量的同时，我们还要通过对公众号核心价值的宣传，以及经常举办趣味小活动，来留住引来的粉丝，提高他们对公众号的黏度，从而使活动取得最优化的吸粉效果。

4.7.3　体验营销

公众号若想赢取粉丝的支持，要点之一就是为他们提供极致化的体验。但是极致化的体验并非凭空而来，要想真正做到这一点，必须从粉丝的真实需求出发，挖掘他们的内心渴望和情感诉求，从而通过高质量的服务，引发其心灵上的共鸣，如图 4-45 所示。

图 4-45　体验营销的方法

1. 贴心的试用服务

我们大多有这样的经历：想去买一双鞋子，商家会为我们提供试穿服务，我们可以试穿我们中意的任何款式，看看合不合脚，漂不漂亮，走路是否舒服，觉得满意之后，才会付款购买。从此类经历中可以看出，很多人对产品都有试用体验的需求，允许试用会令客户更愿意进行购买；反之，则会引发客户的不满，对交易行为产生不良影响。

2. 设计环节上的体验导向

若想为用户提供极致化的体验，就要从产品的制作设计环节开始抓起。例如，为产品配置一个美观大方的包装，使用更高端的材质打造产品外壳，将产品的外形做得更漂亮等。这些设计很容易引发用户心理上的认同感，并满足其虚荣感、荣誉感等心理需求，从而引发购买行为。

3. 情感体验

用户在购买产品时，除了考虑产品质量等理性因素，还有一些对相关情感服务的潜在需求，我们对于这些情感需求，应该尽量予以满足。例如餐饮行业，当用户等待就餐时，如果服务人员主动为他沏茶倒水，将餐具准备整齐，就会在很大程度上引发用户的好感，使他觉得享受到出色的服务体验，进而引发重复消费行为。

4.7.4 大 V 推荐

通常每一个微信号都加有一定数目的好友，这就像是一个小小的鱼塘，鱼塘中的鱼儿游来游去，产生各种各样的交集。但是，每一个"鱼塘"和其他"鱼塘"之间都存在着坚固的壁垒，这使得它们更像是一个个相对独立的空间。营销者若想打破这层壁垒，将所有"鱼塘"中的"鱼儿"联系起来，便要用到互推的方法，这是实现裂变式宣传的最佳途径。

互推的对象有很多，营销者要想实现最优的互推效果，就要选择牛人大咖，也就是俗称的"大 V"，利用他们巨大的影响力去为自己做宣传。这样做可以为营销者建立更高的客户信任度，并有利于得到别人的推荐，进而开拓更多的宣传渠道，如图 4-46 所示。

图 4-46　借助大 V 推荐的方法

1. 与大 V 产生联系

营销者若想与大 V 产生联系，最简单的方法就是做他们的粉丝和学生。例如，某大 V 设有媒体专栏，在浙江《每日商报》的平台上主推其学生微商创业的案例。这些学生便可以借助大 V 的影响力，建立自身的知名度。

2. 准备充分

最好的机会永远留给准备最充分的人。营销者要想实现与大 V 的互推，就要把准备工作做好，这样才会使大 V 愿意进行推荐活动。例如，营销者可以准备做好的文案，并在文案中添加自己的微信号；营销者可以准备适宜的照片，以便起到更好的展示效果；营销者还可以展示一张与大 V 的合影，增强推荐的可信度等。这些准备工作会使大 V 互推更具效率。

3. 注重"引销"

营销者在进行大 V 互推时，要"引销"而不要推销。所谓"引销"，就是指重点推荐营销者本人，而不重点推营销者的产品。这是因为单纯推销产品会使客户产生不良的印象，进而产生抵触情绪，不利于营销活动的开展。而推销营销者本人则会把这种推荐定位成社交行为，起到加分作用，并引起客户一探究竟的兴趣。

除了大 V 外，微信好友、某些社群组织以及其他营销者等，也是很好的互推对象。营销者需要利用任何能够利用的资源，扩大自身的影响力，这样才能拓展更多的宣传通道，达到最好的营销效果。

4.8　微信公众号的引流方法

4.8.1　QQ 引流

用户量超过 8 亿，日活跃用户量超过 5 亿，这些数据无疑表明了 QQ 平台巨大的营销潜力。从某种程度上说，QQ 营销就是针对 8 亿人的营销，利用 QQ 引流，限制极少且市场庞大。

1. QQ 群引流

QQ 群具有容易查找、进群方便、成员数量多等优势，可以采取加群、转化微信好友、发布带有微信号的软文等方式，实现 QQ 群引流。

QQ 群引流要做好以下 4 个步骤。

（1）准备好 QQ 号

首先要准备好较为合适的 QQ 号，营销者可以根据实际情况多准备几个。然后将 QQ 资料进行完善，使其看起来更真实一些。与此同时，还可以为自己的 QQ 号设置好个性签名和标签等，如有必要，还可以开通会员享受更多的特权。

（2）搜索加群

设置好 QQ 号后，营销者就可以定向搜索 QQ 群了，要为自己设定好加群目标，如需要加什么样的群，每天加几个群，每天要与几个人聊天等。

（3）参加群活动

成功加群之后首先要了解群规则，然后积极参加群活动，多在群内发言，可以和其他成员打招呼，也可以主动加好友，一个个私聊，只要方式得当，总会取得一定的成效的。

（4）引流导流

营销者可以利用多个账号上传群附件，附件内容可以是 .pdf 格式的高质量文章，同时里面附上微信号，这样大家收到干货内容的同时，你也成功植入了想让他们看到的东西。如果有诱人的标题做基础，极有可能吸引很大一部分人主动加你的微信。但需要注意的是，不要打生硬的广告，否则很容易被踢出群，或者被管理员删除。除了上传群附件之外，还可以发送群邮件，平时多整理学习一些话术，学会与人沟通的技巧。

2．QQ 空间引流

利用 QQ 空间引流首先就要将空间内容做好，包括空间的装扮，说说、日志和空间相册的充分利用等。

（1）空间装扮

其实 QQ 空间有很多免费的装扮，但有一定的限用日期，因此要经常更换套装，这样既能给好友带来新鲜感，又能防止装扮过期。同时我们还可以开通黄钻，享受更多的装扮功能，如背景音乐和更漂亮的套装享受等，以此来吸引好友的来访。

（2）说说引流

在 QQ 空间里发说说是一种比较简单直观的做法，说说的内容既可以是搞笑的，也可以是安慰心灵的；同时，还可以发一些互动性强的内容，引起大家的共同探讨，这样也可以为自己带来一定的流量。

（3）日志引流

写日志不一定非得是原创，可以转一些较为优质的内容。如果自己真的感兴趣且有一定文字功底的，也可以尝试原创，但需要观察好友的动向，不要带来负面影响。

（4）空间相册

利用空间相册可以将自己想要别人看到的东西全部用图片和描述展示出来，大部分人都喜欢看照片，认真为你的照片添加描述，也会为自己带来不错的流量。

需要注意的是，利用 QQ 进行引流，在短期内很难看到效果，微商从业者在使用这种引流方法时要保持足够的耐心，坚持下去，才能达到引流推广的目的。

4.8.2　博客引流

博客在网络上的热度虽然有所下降，但依然不失为一种较好的引流平台。那么，怎样才能利用博客实现引流呢？我们可以从以下几个方面着手，如图 4-47 所示。

图 4-47　博客引流的方法

1. 定时更新

在做博客引流工作时，定时更新无疑是重中之重。只有做到了这一点，才会有粉丝愿意对博客进行关注，从而达到保持博客活跃度，成功引流的目的。

2. 合理留言

合理运用留言工具,对其他博客进行留言,并附带自身的微信账号,是一个很有效的引流手段。需要注意的是,这种方式需要选择同行业且粉丝较多的博客,而且在留言时要做到有的放矢,富有针对性,这样才更容易引发博主的回复,产生后续的借势引流效果。

3. 发布教程帖子

教程帖子一般具有较强的实用性,可以引发很多目标用户的关注,进而达到引流推广的效果。在制作教程帖子时,要选择自己熟悉的题目,并撰写尽量明确的标题,从而增强说服力,做到一目了然。

4. 客座博客

客座博客在国内的应用较少,不过已经成为博客引流的一种未来趋势。这种模式指的是邀请专业精英在自己的博客上发布帖子,同时自己在对方的博客上发布帖子,以此来达到双赢引流的效果。

需要注意的是,发布教程帖子最重实战方法,所以千万不要只谈一些知识类信息,而要做到落地实操,这样才能引发广泛关注。

4.8.3 微博引流

微博是当前很火的引流方式,具有很大的发展潜力和实用价值,传播速度很快。如果能够利用好微博这一工具,无疑会对引流工作有很大的推动。总体来讲,我们可以通过以下方式利用微博引流,如图4-48所示。

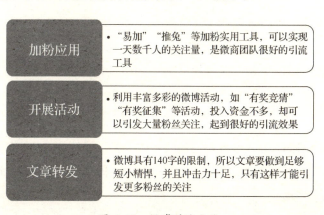

加粉应用	• "易加""推兔"等加粉实用工具,可以实现一天数千人的关注量,是微商团队很好的引流工具
开展活动	• 利用丰富多彩的微博活动,如"有奖竞猜""有奖征集"等活动,投入资金不多,却可以引发大量粉丝关注,起到很好的引流效果
文章转发	• 微博具有140字的限制,所以文章要做到足够短小精悍,并且冲击力十足,只有这样才能引发更多粉丝的关注

图 4-48 微博引流方法

除此之外，我们还可以通过以下具体方法进行微博引流。

1. 搜索关键词

微博高级搜索定位较为精准，可以根据时间、地区等条件进行精确关键词搜索，以此来获得精准用户。需要注意的是，搜索目标用户时一定要选择输入核心关键词。举个例子，奶粉的目标用户一般为父母，所以搜索关键词可以是"我家宝宝"或"我家闺女"等。而输入昵称关键词时可以选择"妮妮妈妈"或者"东东妈妈"等；还可以根据年龄性别和地区进行搜索。

2. 关注竞争对手

要时刻关注竞争对手，设法从竞争对手粉丝中获得精准用户；可以关注对手的微博粉丝，在微博上与其互动，从而形成客户关系。

3. 关注热门话题

关注与自己产品相关的热门话题，查看同时关注这一话题的用户，他们很可能就是你的潜在客户，尝试关注并联系他们，设法将其转化为精准客户。

4. 关注知名微博

参与微博互动，关注相关知名微博号，观察转发和评论该微博的人，因为这些人很有可能是你的目标粉丝。

5. 学会互动

注意发表一些对用户有帮助的评论，并做到友好的交流互动，不要一上来就发硬广告，这样容易让人产生反感。对于有了一定联系的用户，可以在发布新品时给他们发邮件，与他们时常建立起互动。

在进行微博引流时，不要只做广告，而是要在文案中突出分享价值和娱乐性，这样才能争取更多粉丝的支持，达到预想的引流目的。

4.8.4　视频引流

通过视频进行引流，是互联网时代下的重要发展趋势，也是微商进行营销工作的重要选择。在如今这个时代，电子广告、网络视频、宣传片、微电影等，都是很好的视频引流形式。

在制作和发送视频时，应该注意以下几个方面，如图 4-49 所示。

图 4-49　制作和发送视频时的注意事项

1. 故事性

大众对于故事的兴趣远远大于说教，所以在我们制作视频时，无论长短，都要尽量讲述一个完整、有趣的故事，这样才能在最大限度上引发关注。

2. 互动性

互动性是移动互联时代的重要特征。对于用户而言，只有充分满足其互动要求，提高参与感，才能引发他们的关注兴趣和传播主动性。

3. 多渠道推广

我们在完成视频制作后，可以把视频放在优酷、爱奇艺、乐视等各大视频平台之上，做到多渠道推广，这样能够起到最优化的推广效果。

具体的视频引流步骤有以下 3 点，如图 4-50 所示。

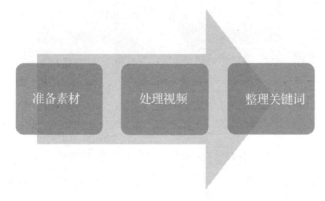

图 4-50　视频引流步骤

1. 准备素材

微信营销者一定要做好自己的产品视频或者带有客户见证的视频等，这是前期的素材准备工作。所录制的视频清晰度要够高。如果自己不愿意录，可以通过正当的方式下载别人录制的相关视频，只要打上自己的联系方式和二维码水印即可。

2. 处理视频

处理视频就是前面所讲的在视频中打上联系方式和二维码水印，可以下载相关软件制作，如 gilisoft_video_converter 简体中文版 8.40 等。

3. 整理关键词

将产品或行业关键词提炼出来，注意视频标题要尽可能包含所有的关键词，然后把这些关键词整理成文字形式，这样就可以提高视频的曝光度。

整理好关键词后就可以将视频上传至视频网站了，可以上传至多个网站，并注册多个账号去上传，但为了安全起见，一个账号上传数量尽量少于 18 个。

4.8.5　App 引流

App 引流分为很多种，其中较具代表性的就是社交型 App 引流和购物型 App 引流，它们具有不同的使用技巧和特点，如图 4-51 所示。

图 4-51　App 引流类型

1. 购物型 App 引流

购物型 App 一般具有搭配和晒货的特色功能，营销者可以将自己的产品发布到晒货频道，并附带文字等信息，以此达到吸引用户关注，推广产品的目的。

2. 社交型 App 引流

社交型 App 具有搜索附近用户的功能，可以将完全陌生的人加为好友，从而进行交流互动，将其发展为自己的粉丝和客户。

当然，我们还可以自己制作一个 App 进行引流：以卖化妆品的微商为例，可以在自己的 App 上发布一些美容常识，然后分享到朋友圈、微博、陌陌等。想要了解美容常识的用户看到这些内容后很有可能会主动下载你的 App，这时如果能将自己的微店链接到手机 App 里，那么用户就可以一边看内容一边浏览你的产品了。当你的 App 用户增多时，不仅可以发布产品信息，还能发布各种生活信息，同时很多 App 还有论坛功能，这样久而久之，你的 App 就逐渐成为一个综合性信息平台，赚钱的方法也会变得多种多样。

虽然 App 做起来简单，但需要花费大量的时间和精力来运营，所以一定要有坚定的意志，充分利用手机 App 来获取高人气和大流量。

4.8.6 豆瓣引流

利用豆瓣引流是近年来较为时兴的引流方式，某种程度上来说，豆瓣网虽然是属于文艺青年们的聚集地，但却具有权威性强、用户黏度高的特点，在各大网站中权重很高。接下来，我们就来看一些豆瓣引流的具体方法吧。

1. 豆瓣日志引流

如果将一篇文章同时发布在豆瓣日志和自己的网站，那么前者在百度中的排名往往高于后者，但是若想取得很好的排名，还是需要一些具体的技巧。

（1）在豆瓣日志中写文章，需要将文章关键词填写在标签处，这样做有利于取得较高排名。

（2）最开始的两三篇文章容易被豆瓣收录，后面的收录速度则会放慢，但只要坚持下去，就会取得较好的收录成绩。

（3）在豆瓣日志撰写文章时，要多准备几个账号，分别撰写，这样能把封号的风险降到最低。

（4）可以使用其他账号去回复自己的文章，回复要具有针对性，切忌空谈，这样做对提升排名很有帮助。

（5）当日志排名较高时，最好将其设置成不可回复状态，否则容易被垃圾广告覆盖，引发豆瓣官方监控和删帖。

2. 豆瓣小组引流

豆瓣小组引流一般分为 3 个方面，如图 4-52 所示。

小组直接引流	• 小组分类比较明确，能够使用户清楚明白微商团队的引流目的 • 比如兼职小组推广各类兼职、同城小组直接推广商家等
发帖引流	• 建立一个生活化气息较重的小组，将少量需要推广引流的帖子隐藏在发布的帖子中间，并设置好小组权限 • 比如只有通过管理员审核才可以加入，这样做可以起到不错的引流效果
回帖引流	• 有些商家会从淘宝购买账号，进行疯狂刷赞，以此来吸引注意，此种方法我们并不是很赞同 • 使用站长工具，找到排名靠前的帖子，针对这些帖子进行回复，往往会起到较好的引流推广作用

图 4-52　豆瓣小组引流

3. 豆瓣小站引流

我们可以把豆瓣小站看作是主题网站，在小站中建立自己的店铺和品牌，发布产品的营销信息和产品信息等。

需要注意的是，豆瓣是一个比较文艺的网络平台，对广告打击较重。我们在做豆瓣引流时，最好将引流信息隐藏在生活化、文艺化的表象之下，如发布生活文化类软文，巧妙触及产品信息。只有这样，才能降低封号、删帖等风险，取得很好的推广效果。

4.8.7　百度平台引流

使用百度平台进行引流，是一种较为常见的引流方式，很受微信营销者的青睐。

1. 百度贴吧引流

百度贴吧具有互动性强、分享价值高等特点，要想做好百度贴吧引流，就要从以下几个方面努力。

（1）热门帖子引流

热门的帖子会受到很多人的关注，将其放置在各种不同的贴吧中，并做出一定的修改，就会提高审核通过的机会。当遇到一些管理较为宽松的贴吧时，更是能够在帖子中植入网站，起到很好的引流效果。

（2）软文引流

很多贴吧不允许添加链接，但也并不是绝对的。如果能在贴吧中发布较多、较好的帖子，展示出强大的软文实力，管理员就会放松限制，发送链接也就可以被允许了。

2. 百度文库引流

对于用户来讲，百度文库具有一定的权威性，很容易得到人们的信任。如果我们能充分利用好百度文库，将宣传推广信息适当植入进去，往往可以起到很好的引流效果。百度文库的引流步骤如下。

（1）根据目标客户需要，寻找相关的专业资料

我们可以通过百度知道、百度搜索下拉框、同行网站等渠道，对行业关键词进行搜索，寻找相关资料进行整合编辑，从而做出目标客户需要的文章。例如"蒸汽锅炉"这个关键词，就可以通过百度下拉框进行搜索，找到蒸汽锅炉规格、价格表等资料，根据这些资料编辑出目标客户关心的文章。

（2）植入关键词，引导流量

在做百度文库引流时，文章中要体现出引流的关键词，吸引客户的注意并使客户主动搜索，进而提高转化率。例如文章的末尾，最好注明"以上内容是××原创，转载请注明出处"之类的信息，引发客户的搜索关注兴趣。

（3）百度文库上传技巧

百度文库的资料上传需要经过人工审核，通过较难，所以要从标题、文档内容、文档简介等多方面进行综合化考虑，做到定位精准、论述专业、内容通俗易懂、排版清晰美观，以此来提高通过率。

3. 百度搜索引流

在百度搜索结果中提升位置，往往可以使网站更易受到关注，起到更好的引流效果。这时就要用到百度搜索引流，它包括以下几种技巧。

（1）增加有效链接数

在一些流量较多的网站或论坛中，如豆瓣、微博等，我们应该尽量添加指向自己网站的有效链接，吸引更多用户进行点击，从而取得较为领先的搜索结果优势。

（2）注重标题关键词

标题在搜索引擎中占有一定的权重，会影响到搜索排名。例如，我们卖自行车，就要在标题中添加"自行车"的关键词，这样才容易被目标客户搜索到。

（3）添加目标关键词

除了标题关键词外，网页内容中的关键词也很重要，如"苹果手机"，这4个字一定要在界面文字中出现，不能只放置一堆苹果手机图片，后一种做法搜索引擎无法辨别，对于搜索排名毫无益处。

（4）添加文字超链接

文字超链接会被搜索引擎认为是有效信息，从而提高在搜索中的相关排名，所以我们在做指向自己网站的超链接时，最好是以文字的形式表现出来。

但是，有时候链接和广告在百度平台上很难通过审核，所以我们在利用百度进行引流活动时，最好将链接信息和产品信息通过发帖的方式表现出来，做到不动声色，这才是高明的引流策略。

4.8.8　阿里系平台引流

利用阿里系的几个现有平台，同样能起到很好的引流效果。

1. 阿里巴巴商友圈

阿里巴巴商友圈里面聚集了很多商业团体和商友圈，对于加入其中的微商来说，可以起到很好的拓展人脉作用。那么如何利用商友圈吸粉呢？

（1）定位客户

在阿里巴巴上有很多诚信通用户，他们既是买家也是卖家，我们所卖的产品在这里也能找到卖家，所以一定要在几十万诚信通用户中找到真正属于自己的客户。

（2）了解客户需求

定位好客户之后，我们就要分析其真实需求，不管是产品质量、服务还是发货速度，都要做好分析。

（3）分析优势

找到客户需求之后，我们就要针对这些需求进行自我优势的分析，哪些地方是我们可以做到而对手做不到的，一旦找到突破点就是我们的核心竞争优势。

（4）设立主题

找到核心竞争优势之后，我们要根据自己的优势来设计文章主题，以此潜移默化地影响我们的客户，在客户心中树立起好的形象。这种形象越具体集中越好，以此来达到吸引顾客的目的。

2. 阿里巴巴生意经

阿里巴巴生意经主要是通过问答的形式为大家解决商业难题的平台，有任何商业疑问和求助都可以在这里查询答案。阿里巴巴生意经的专业性很强，是一种问答形式的商业知识库。微商可以在生意经上多提问，多回答问题，总之提高自己的活跃度，时间长了就会聚集一定的人气，自然也会有人主动关注你，时不时向你请教问题，这样一来彼此之间就有了信任感，访问你的店铺、查看你的产品、成为你的客户就是自然而然的事情了。

4.8.9　论坛引流

论坛的历史较长，是最早出现的在线社区，里面集中的用户也很多，活跃度较高，引流潜力很大。但是对于论坛引流来说，并不是简单地发一些帖子就够了，而是要通过发帖引起广泛讨论，然后通过一些引导手段，将用户吸引到指定网站中去。

具体来说，以下 3 种方式可以起到较好的引流效果，如图 4-53 所示。

图 4-53　论坛引流方法

1. 话题引爆

大众在很多时候都有围观的心理，如果微商在论坛中发布一个当下最火热的话题信息，并以此充分引爆论坛，那么就会引发大量用户的关注兴趣，做到成功引流。

2. 娱乐引爆

如今，人们对于生活中的娱乐性内容越发看重，一些诙谐幽默、八卦娱乐等信息往往会吸引很多用户的关注目光。如果撰写一些娱乐性浓重的文章发布到论坛，就很容易引发广泛讨论，起到吸睛吸粉的目的。

3. 故事引爆

内容故事化从来都是吸引用户关注的重要法则，微商在发布论坛内容时，最好是以故事的形式表现出来，这样才能在最大限度上引发用户的关注兴趣。

4.9 微信公众号的推广工具

4.9.1 优惠券

发送优惠券是商家经常采用的活动形式，微信公众号上也有很多发送优惠券的活动，这类活动往往能够起到提高公众号活跃度，引发大量粉丝参与的目的。接下来，就让我们来看看制作微信公众号优惠券的步骤吧。

（1）将微信公众号绑定在第三方微信公众平台上，选择"微活动"，再选择"新增优惠券"，进行具体设置，如图4-54所示。

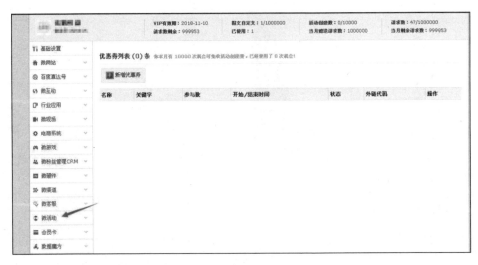

图 4-54 "新增优惠券"选项

（2）将关键词、活动名称、活动说明以及活动时间设置好，如图4-55所示。

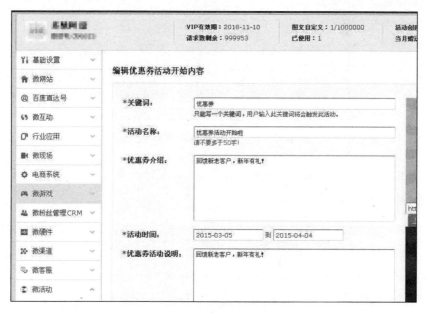

图 4-55　优惠券活动编辑界面（1）

（3）填写兑换券使用说明、活动结束公告主题、活动结束说明，如图 4-56 所示。

图 4-56　优惠券活动编辑界面（2）

（4）填写优惠券名称、数量，如图 4-57 所示。

*优惠券名称1:	50元优惠券	请不要多于50字!
*优惠券数量:	1	
优惠券名称2:	20元优惠券	请不要多于50字!
优惠券数量:	1	
优惠券名称3:	10元优惠券	请不要多于50字!
优惠券数量:	1	

图4-57　优惠券活动编辑界面（3）

（5）将预计活动的人数、抽奖次数限制、兑奖密码填写好，选择"保存"按钮，如图4-58所示。

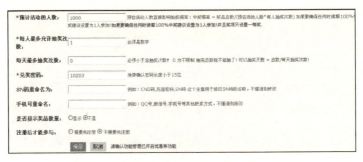

图4-58　兑奖密码填写界面

（6）优惠券设置完成，只要回复关键词，就可以收到优惠券，如图4-59所示。

图4-59　回复关键词收到优惠券

4.9.2　抢红包

抢红包可以说是一种全民性的活动，因其普适性、趣味性等特点，受到了大众的由衷喜爱。微信公众号为了吸引更多新粉丝参与和留住已有粉丝，也可以适当采取发红包的形式，提高公众号的活跃度。那么，怎样才能利用公众号发红包呢？其具体步骤如下。

（1）首先，我们要借助第三方软件的帮助，进入其首页并注册登录，如图4-60所示。

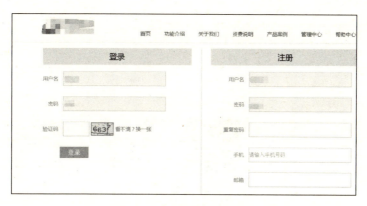

图 4-60　第三方软件首页

（2）登录之后，单击"功能管理"，切换到管理平台界面，如图4-61所示。

图 4-61　管理中心界面

（3）在界面左边单击"微活动"，然后单击"微信合体红包"，如图4-62、图4-63所示。

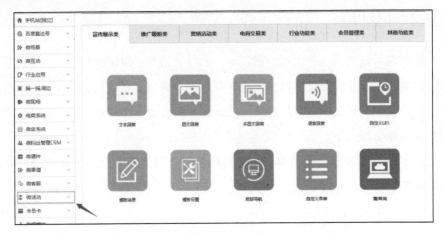

图 4-62 "微活动"选项

图 4-63 "微信合体红包"选项

（4）选择"添加活动"选项，编辑活动内容，如图 4-64 所示。

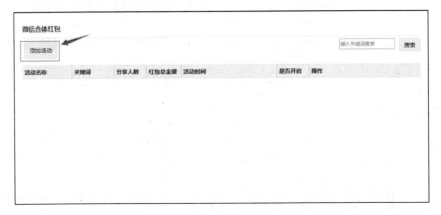

图 4-64 "添加活动"选项

（5）填写与活动有关的信息，然后单击"保存"按钮，如图 4-65、图 4-66 所示。

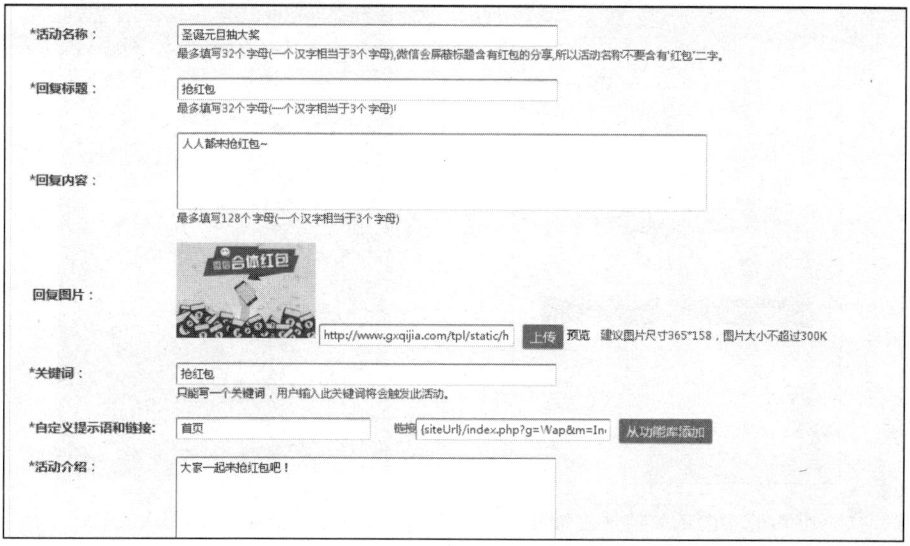

图 4-65　活动信息编辑界面（1）

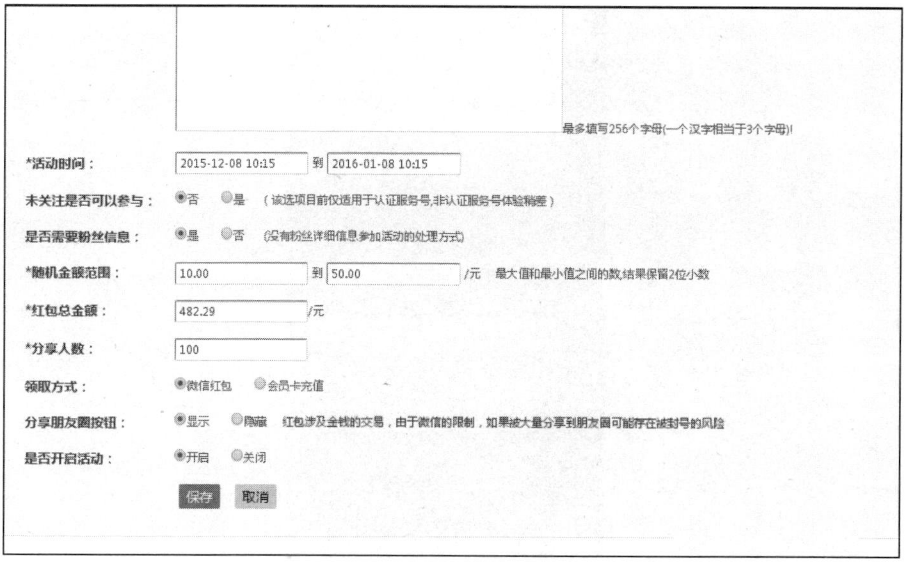

图 4-66　活动信息编辑界面（2）

（6）在移动端打开微信公众号，发送"红包"关键词，就可以进入抢红包界面，再选择"抢红包"，就可以得到红包了，如图 4-67～图 4-69 所示。

图 4-67　发送关键词抢红包

图 4-68　抢红包界面（1）

图 4-69　抢红包界面（2）

（7）红包发放记录会在第三方后台清楚显示。只要打开微信红包添加活动界面，选择"领取记录"，就可以查看相关数据，如图 4-70、图 4-71 所示。

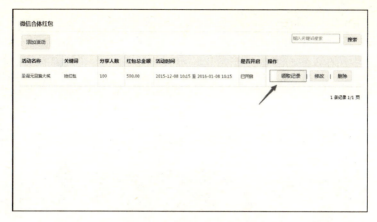

图 4-70 "领取记录"选项

图 4-71 红包领取记录界面

（8）在添加活动中，如果步骤填写出现错误，可以选择操作底下的"修改"选项，返回活动设置界面再次填写，之后保存即可，如图4-72所示。

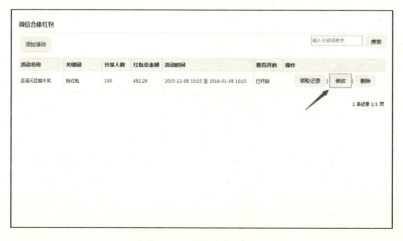

图 4-72 "修改"选项

4.9.3　网页小游戏

公众号中的网页小游戏，不仅可以令粉丝得到乐趣，还能提升他们对公众号的好感，起到潜移默化的宣传推广作用。接下来，就让我们看一看网页小游戏的制作过程吧。

（1）登录微信第三方平台，选择"功能管理"选项，如图 4-73 所示。

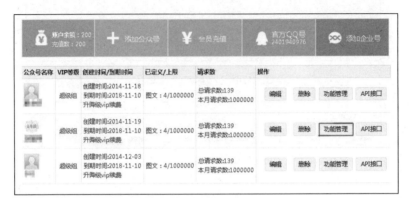

图 4-73　"功能管理"选项

（2）单击左侧"微网站"，在下拉选项中选择"分类管理"，然后选择"添加分类"，如图 4-74 所示。

图 4-74　"添加分类"选项

（3）编辑分类名称、表述等内容，选择"从功能库添加"选项，如图 4-75 所示。

图 4-75 "从功能库添加"选项

（4）选择"生活服务"选项，查看详细信息，如图 4-76 和图 4-77 所示。

图 4-76 "生活服务"选项

（5）找到需要添加的游戏，选择"选中"选项，再返回分类管理界面。如果出现查询栏，就说明已添加成功，如图 4-78 和图 4-79 所示。

插入链接或关键词	✕
彩票购买	详细列表
便民服务	详细列表
快乐休闲	详细列表
吃货天地	详细列表
充值支付	详细列表
教育培训	详细列表
理财计算	详细列表
网页小游戏	详细列表
其他	详细列表

图 4-77　查看详细信息

插入链接或关键词		✕
使用方法：点击对应内容后面的"选中"即可。点击这里返回模块选择		
标题		**操作** ❔
问答游戏		预览 选中
画面游戏		预览 选中
神器泡泡		预览 选中
一笔一划		预览 选中
你被点名了		预览 选中
谁是卧底		预览 选中
斗地主		预览 选中

图 4-78　网页小游戏界面

图 4-79　分类管理界面

4.9.4　有奖问答

微信公众号中的答题活动可以引起用户的好奇心，促使他们进行关注，而当答题活动可以获得奖励时，就更能激发用户的参与热情，从而起到很好的吸粉吸睛效果。

那么，微信公众号如何做答题呢？

（1）登录第三方平台，选择"扩展功能"——"微答题"——"参数设置"，在参数设置界面进行具体设置，如图4-80和图4-81所示。

图4-80　"参数设置"选项

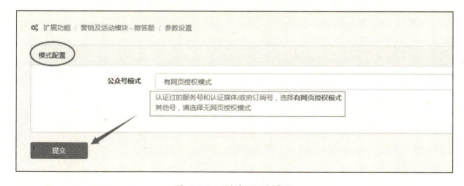

图4-81　模式设置界面

（2）进入"回复规则列表"，编辑微答题内容，设置关键字，然后添加活动，将图文消息设置好，最后选择"提交"，如图4-82和图4-83所示。

图 4-82　微答题编辑界面

图 4-83　图文消息设置

（3）进入"活动管理"界面，不仅可以添加活动、编辑添加题目，还能够查看用户信息和相关答题记录，如图 4-84 所示。

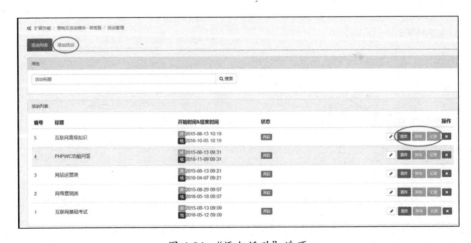

图 4-84　"添加活动"选项

案例分析：布拉旅行公众号——小清新的旅游类平台

"布拉旅行"被 Techweb 称为"小清新的旅行度假导购平台"，是一款以度假酒店预订为核心的旅行应用。其微信公众平台粉丝已超过 40 万，产品的复购率在 30%左右。2016 年，布拉旅行的全年流水更是达到 1.6 亿元人民币以上。那么，布拉旅行是怎样借助微信平台做到流水过亿的呢？

首先，布拉旅行的定位精准。创始人徐雷认为，目前在线旅游市场还有值得投资的市场和人群。徐雷将布拉旅行的消费人群定位为具有一定消费能力的中产阶层。这类人群收入较高，会以留学、购物、减压、医疗等不同的目的出行，而不再只是一味的观光。

其次，布拉旅行的产品具有较高的性价比。布拉旅行主要是向用户提供具有高性价比的度假高端酒店产品。那么，这些高端度假产品是怎么来的呢？原来布拉旅行创始人之一的钟品宏有多年全球酒店的从业经验，对酒店推广和销售方面的需求可谓是了如指掌：一方面酒店需要借助一个平台去获得精准用户，并推广酒店；另一方面，酒店很重视用社交媒体来获得用户，并愿意拿出一部分产品作为体验来吸引用户。

【成功原因解析】

布拉旅行公众号的成功，与其良好的目标用户定位息息相关。它通过多样化、高性价比的旅游产品，很好地满足了中产阶层的旅游类需求，从而取得了出色的营销推广效果。

本章思考题

1. 订阅号、服务号、企业号三者间有哪些异同点，它们分别倾向于经营环节中的哪一方面？

2. 微信公众平台的作用是什么，它在认证前和认证后都具有哪些功能？

3. 怎样才能打造出优质内容，在内容的推广过程中我们需要注意些什么？

4. 公众号排版和优化的重要性体现在哪里，具体操作技巧是什么？

5. 在现实中找出较为成功的微信公众号，并分析其用到的营销策略。

6. 除了上述章节中列出的应用工具，我们还能想到哪些各具特色的应用工具，这些应用工具的特点是什么？

实战训练

2016 年，支付宝公众号取得了良好的发展，吸引了很多业内专家和分析者的关注。例如，个性化的回复内容"山无棱，天地合，都不许取关"等。试分析支付宝公众号的具体营销措施，以及这些措施产生的实际效果。

CHAPTER

第5章
微店、微商城营销

 学前引导

1. 掌握开通微店的具体方法。

2. 了解常见的微店平台，认识这些平台的不同特点。

3. 了解利用微店进行盈利的方法，分析这些方法的合理性。

4. 掌握适合微店售卖的商品种类，并了解选择商品的具体方法。

5. 了解微商城的概念、建立方法和运营技巧。

5.1 微店的开通方法

微店可以在计算机上开通，也可以在手机上开通，以下是两种开通方式的方法步骤。

1. 在计算机上开通微店

（1）在百度搜索"微店"并打开界面，如图5-1所示。

（2）进入微店主界面并进行注册，如图5-2所示。

（3）按步骤进行注册信息的填写，填写完成之后单击"注册"按钮，回到主界面登录即可，如图5-3所示。

图 5-1　百度搜索"微店"

图 5-2　PC 端微店登录界面

图 5-3　微店账号注册

2. 在手机上开通微店

（1）用手机下载微店 App，然后打开，如图 5-4 所示。

图 5-4　手机微店登录界面

（2）单击"注册"按钮，填写注册信息和登录密码，如图 5-5 所示。

图 5-5　微店注册界面

（3）创建店铺，如图5-6所示。

图 5-6　微店主界面

5.2　常见的微店平台

5.2.1　有赞

在 2014 年 11 月 27 日，"口袋通"正式改名为"有赞"。

"有赞"为商家提供了整套的底层店铺系统，使商家可以通过店铺和微信（微博）账号的绑定，使微信（微博）成为面向客户的重要出口。换一个解释，就是商家可以直接在微博（微信）上经营自己的店铺，客户可以通过微信（微博）App 直接进入店铺进行购买，从而满足了商家和客户双方对于交易平台的便捷性需求。

此外，强大的客户管理系统也是"有赞"的重要特点，商家在这一系统中，可以对粉丝进行分组管理，从而实现精准营销，如图 5-7 所示。

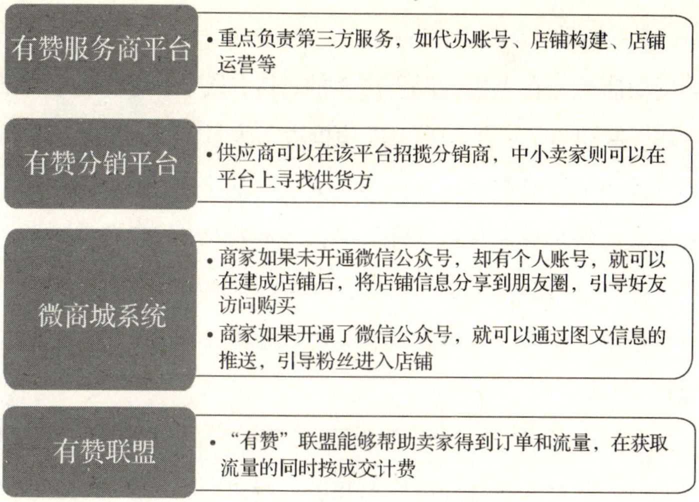

有赞服务商平台	• 重点负责第三方服务，如代办账号、店铺构建、店铺运营等
有赞分销平台	• 供应商可以在该平台招揽分销商，中小卖家则可以在平台上寻找供货方
微商城系统	• 商家如果未开通微信公众号，却有个人账号，就可以在建成店铺后，将店铺信息分享到朋友圈，引导好友访问购买 • 商家如果开通了微信公众号，就可以通过图文信息的推送，引导粉丝进入店铺
有赞联盟	• "有赞"联盟能够帮助卖家得到订单和流量，在获取流量的同时按成交计费

图 5-7 "有赞"的客户管理系统

除了上述功能之外，"有赞"还有很多有趣的营销应用功能，如积分宝、砍价、口令红包等，这些功能可以使商家与粉丝展开更好的互动交流，从而取得良好的营销效果。

5.2.2 京东微店

京东微店依托于京东平台，是京东商城的移动端应用，它在货源、流量等方面具有明显优势，这使得其在微信购物频道的入口排名中位列前茅。而在经营模式上，京东微店更偏向于 B2C 模式，其主要服务对象是京东开放平台商家（其中包括融入京东的 QQ 网购商家）。

需要注意的是，京东微店的入门门槛较高，需要入驻者交付一定的费用（保证金和平台使用服务费）才能顺利入驻，而且对于一些产品（如外贸产品、A 货等）需要缴纳额外费用，这就使得在京东微店中，个人的机会很少，大部分入驻商家都是京东 POP 平台商家。

5.2.3 口袋购物微店

2014 年上线的微店，采用了手机号开网店的新模式。这种模式成功拉低了电商的准入门槛，无论是商品上架，还是编辑功能，都变得简单起来。而这种"傻瓜式开店工具"，很快得到了大量个人商家的青睐，兴起了诸如"××微店"

"××小店"等一大批个人微店。

口袋购物微店就是在上述情况下产生的，其上线早、运营简单和准入门槛低的特点，使其快速积累了大批用户，成功抢占了大量市场份额，直到今天，口袋购物微店仍然是店铺数量极多、影响力极大的微店平台。

口袋购物微店的优势在于免费注册和简单化操作。前者有效降低了入驻者的投入成本，而后者极大地方便了运营过程。入驻者通过软件平台，直接就可以对买家资料进行记录，还可以快速收款、发货。这就有效节省了入驻者的时间，提高了运营效率。

当然，口袋购物微店还是有其劣势所在，那就是规模较小和货源不足。在这种情况下，需要入驻者具备自己的货源和客户资源，如足够的粉丝和好友，只有这样才能保证微店的顺利运营。

5.2.4　拍拍微店

拍拍微店是腾讯旗下拍拍网推出的一项全新服务，个人和企业都可以在拍拍官网进行申请开通。拍拍微店的优势在于，通过借助微信支付功能和微信社交平台，可以为 B 类商家和 C 类商家提供安全的交易环境和低成本的经营场所，是商家在移动端进行经营活动的上佳选择。

拍拍微店上线的意义十分重大，它不但代表了拍拍网在移动端的新一轮战略布局，而且通过借助 QQ、微信等社交平台的巨大流量优势，可以使更多用户对拍拍微店进行关注，进而实现更大规模的用户转化。

当然，作为国内第二大 C2C 电商平台，拍拍网在 PC 端的流量优势也不容忽略。通过 PC 端二维码引流、网页专题推荐、微店优惠价等措施，个人和企业可以将很多 PC 端用户引入拍拍微店，实现 PC 端向移动端的引流，进而形成两端互通、共同发展的良好局面。

5.2.5　云集微店

云集微店是一款极具特色的社交零售平台，可以为店主提供大量的正品货源和商品文案，并在培训等方面具有独特优势。接下来我们就来分析一下云集微店的具体特点，如图 5-8 所示。

图 5-8 云集微店的特点

1. 全正品货源

云集微店与海外品牌商、大型贸易商进行直接合作，由中国人民财产保险股份有限公司［People's Insurance Company (Group) of China，PICC］进行承保，保证所有商品都是正品，从而达到 10 亿件的共享库存，同时又保证了其充足的货源。此外，云集微店的货源涵盖面十分广泛，包括海外潮品、爆款单品等各类产品。

2. 无负担经营

在云集微店中，店主每卖出一件商品，即可获得相应返利，没有打款和压货的现象产生。而其完善的物流体系和客服体系，又为买卖双方提供了出色的服务体验。

3. 针对式培训

每位店主都能够在云集微店中享受导师的培训和合伙人的专门帮助。此外，云集微店还有平台培训师的定期培训服务，可以帮助店主解决运营中的各类问题（卖货、组建团队等）。

4. 简单化宣传

云集微店中具有大量的图片和商品文案，店主可以将它们快速分享到微信、微博等平台上，达到宣传推广的目的。

5.3 微店的盈利模式

5.3.1 私人定制

从"私人定制"这个词组中，我们很容易想到以粉丝需求为标准定制产品。而在实际上，微店运营者在很多时候并不等同于厂家，所以他们不能按照粉丝的需求去定制产品。因此，私人定制的办法较为适合大型企业与店家，后者能够依托于自身的实力和资源，真正了解粉丝的需求，并据此生产出粉丝感兴趣的产品或内容，进而达到推广微店产品和品牌的目的。

【"鬼脚七"公众号的私人定制服务】

"鬼脚七"微信公众号是一个以互联网电商为主题的公众平台，它所发布的内容大多与此类主题相关。然而通过调查了解，该公众号运营者发现公众号粉丝群体大多为单身的白领精英阶层，具有交友求偶的潜在倾向。针对此种情况，运营者开展了"亲，来七相亲"栏目，可以使单身粉丝将自身照片和求偶要求发送到公众平台上，进而展开交友活动。这就是一个满足粉丝需求的"私人定制"活动。

从上述例子中我们可以看出，"鬼脚七"公众号通过"亲，来七相亲"栏目的广泛宣传，很容易吸引具有此类需求的粉丝关注。而在粉丝群体不断壮大的局面下，平台广告费用和招聘广告费用也会得到相应提升，从而形成良性循环。这也是"私人定制"在商家运营过程中的作用体现。

5.3.2 招收代理

我们在 QQ 空间、微信朋友圈等平台中，往往能够发现很多招收代理或代购的信息，而在此类信息的鼓动下，有些人出于实际利益的考虑（销售提成、减少购买产品费用），会尝试加入代理或代购的行列中。在这种情况下，我们可以尝试将粉丝发展为代理或代购，从而达到提升粉丝参与度，争取粉丝好感的目的。

例如，"韩梦雅女装"公众号是一个以销售女装为主的公众平台，它在粉丝群体中开展了招收代理的活动。而在成为代理商之后，粉丝只要将相应产品信息发送至朋友圈，或通过私聊推广产品，达到销售产品的目的，就可以得到相应的提成费用。

招收代理或代购的方式，不仅可以吸引部分粉丝的主动参与，增加商家的盈利，还可以在潜移默化中拓宽广大运营者的交际面，从而引发更广泛的吸粉吸睛效果。

5.3.3　参与增值

参与增值模式主要是指通过使粉丝参与到运营过程中，在提升粉丝满意度的同时，达到企业最终的盈利目的。

【青年时报的众筹活动】

"青年时报"微信公众号开展了"青牛众筹 11 万元就能成为股东，每年还享有1 000 元以上旅游抵用券'想走就走'找那些错过的美景"活动。此活动的推出方是杭州想走就走电子商务有限公司，后者想通过出让公司 20%股份，达到融资 200万元的目标。而每位参与活动的用户，可以通过 1 万～10 万元的投资，获得相应的股份，成为享受公司福利待遇的股东，进而参与到公司的运营管理过程中来。

从上述案例中我们不难看出，通过参与增值的模式，运营者不但可以在很大程度上吸引粉丝的关注目光，满足粉丝的参与需求，还可以通过众筹等方式达到吸引投资的目的，进而取得企业和粉丝双赢的效果。

5.4　微店的第三方开发平台

微店的推出，令即使没有任何技术、开发能力的商家也可以直接开店，但是，简洁单调的商城模板仅仅能满足普通商户的标准化需求。这就要求借助第三方开发平台。

第三方开发平台，可以为企业、商户提供品牌化、个性化的微信营销开发服务。目前的平台已经实现的功能模块有微官网、微会员、微客服、微活动、微推送、微留言、微调研、微回忆、微预约、微投票等，如图 5-9 所示。行业解决方案有微餐饮、微酒店、微教育、微医疗、微房产等，如图 5-10 所示。微信营销硬件产品有微信 Wi-Fi、照片打印机等。

微店的推出不仅加快了商家利用微信开店的步伐，而且大量的商家以更加快速的速度入驻微信。这就说明了微信官方除了借助第三方开发者之外，自己也开始培育微信公众号了，尤其是微信商城。显而易见的是，整体的微信公众号及其定制开发市场，将会成熟得更加快速，也会逐步地扩大规模，而第三方开发者及其代理商拓展市场则会降低难度。

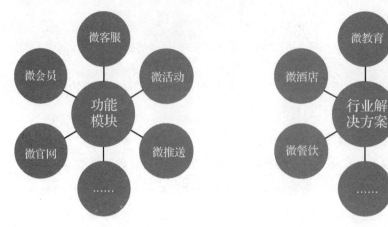

图 5-9　微店的功能模块　　　　图 5-10　微店的行业解决方案

第三方开发者在未来是可以获得很大的发展空间的。未来随着微店的发展，众多品牌商家的个性化、差异化营销需求将给第三方开发平台带来巨大的发展机会，前景将十分广阔。

5.5　微店的运营技巧

对于营销者而言，怎样更好地运营微店，以及更好地吸引客户，是其开设微店的重要目的。下面，我们就来看一下具体的微店运营技巧。

1. 对商品进行精准的定位

说到底，微店的本质就是买卖，那么买卖的核心是什么呢？当然就是商品。所以，卖家应该首先在商品的选择上要有自己精准的定位。当店铺内的产品种类过于繁多，无论什么样的商品都卖的时候，这样反而不好。所以，对自己店里的商品要有一个精准的定位，这样才能更好地为消费者提供购物的方向和选择的依据。

2. 对目标人群进行确定

在经过对商品进行精准的定位之后，下一步要做的就是对目标人群进行确定了。面对不同的人群要做出不同的回应。例如，面对年轻人群，就应该用年轻的、青春的心态面对，昵称要起得有个性，要用当下最流行的名词吸引眼球。目标人群的定位极其重要。

3. 扩展粉丝

我们可以利用QQ加好友的方式和QQ好友导入微信中的方式来为自己创造潜在的客户。

4. 信息推广

当后台拥有了一定的粉丝以后，商家应该为了维护粉丝关系而进行全方位的日常维护，可以每天以发送有趣的文章、笑话等的形式让粉丝体验到你带来的快乐。但是要注意发布的数量要适当，数量过多反而会引起粉丝的反感。

5. 提升转化率

要经常与粉丝保持联系和互动交流，获得粉丝们的信任，从而将粉丝转化为自己商品的忠实的消费者。

6. 日常经营中的注意事项

（1）不可强买强卖，信誉至上，口碑是极其重要的。

（2）文章需要定期更新，一定要保持住店铺与平台的活跃度。

（3）多与粉丝互动，特别是在节假日的时候。

（4）绝不提供劣质的商品给粉丝，提供的商品必须质量有保证。

（5）提供打折优惠活动的时候要第一时间进行推广并详细介绍推广活动的详细情况。

（6）售后服务要一流，并且在粉丝购买商品之后要及时回访，与粉丝保持高频率的沟通交流。

5.6 微商城的运营方法

5.6.1 微商城的具体分类

微商城，又叫微信商城。微商城是第三方开发者基于微信研发出来的一个社会化电子商务系统，同时又是一个集传统互联网、移动互联网、微商城等于一体的企业购物系统。用户可以通过微商城平台来实现线上线下一体化服务模式。例如，商品查询、选购、体验、互动、订购与支付等。微商城具体可以分为5大类，如图5-11所示。

图 5-11　微商城分类

1. 微信综合商城

微信综合商城类似于实体商超，商品种类繁多，数量庞大，并且有大小之分，商家入驻商城所需要缴纳的费用根据商城的大小不同而不同，商家只有缴纳费用之后，才可以进行线上商品的买卖。

2. 微信行业商城

顾名思义，这类商城指的是只通过网络销售单一品类商品或者某一行业的相关商品。

3. 微信独立商城

此类商城类似于个体用户，自己生产的商品在商城出售。这是一类配备销售、售后、物流为一体的独立商城。

4. 微信连锁商城

这类商城分为全球性连锁和局部地域性连锁，类似于家乐福和沃尔玛这样全球性和地域性的连锁商超。这类商城由总部统一配送商品，统一培训服务人员和管理层，对客户进行统一的服务，知名度高，口碑的传播性也很强。

5. 微信直销商城

这类商城可以落地执行，类似于"安利""完美"，可以实现商品的直接买卖。

5.6.2 微商城的建立方法

那么如何建立微商城呢？具体的方法步骤如下。

（1）进入微信公众平台，注册公众账号，如图 5-12 和图 5-13 所示。

图 5-12 微信公众平台主界面

图 5-13 微信公众平台账号注册

（2）选择"登录邮箱"，激活微信公众平台账号，如图 5-14 所示。

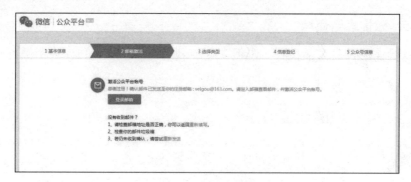

图 5-14　邮箱激活

（3）根据个人和企业选择订阅号或服务号，如图 5-15 所示。

图 5-15　公众号类别选择

（4）在微商城平台中选择一个免费的平台，进入官网进行申请开通，填写相关信息后，单击"创建店铺"，如图 5-16 所示。

图 5-16　创建店铺界面

（5）店铺授权成功后，根据实际情况选择"我有微信公众号"，进入设置界面，选择"稍后再说"，直接进入店铺后台，如图5-17所示。

图 5-17　微信公众号接通

5.6.3　微商城的操作方法

微商城具有八大系统功能，下面来做详细介绍，如图5-18所示。

图 5-18　微商城的八大系统功能

1. 会员系统

微商城的会员管理系统完善，具有自动保存密码、会员等级、积分管理、积分兑换、导入导出等功能。

2. 支付功能

微商城支持多种支付方式，如微信支付、财付通、支付宝、快钱、货到付款、银联等，让消费者支付起来更方便。

3. 购物车/订单/结算功能

购物车和订单生成系统完善，令在线结算更便捷。

4. 自定义菜单

分类清晰，板块有商品分类、新品促销、资讯中心等，此外它还能扩展到内页中的自定义菜单。

5. 产品的管理系统

产品管理系统具有可以自定义参数、导入导出等完善功能，十分强大。

6. 促销功能

商城可以通过多种多样的促销规则、积分赠送、会员优惠等增强自己的营销力。

7. 抽奖、投票功能

在微商城中，多种即时抽奖活动、柱状和图文的投票活动等都能够同时进行。

8. 分佣系统

以流量、推荐会员、购买抽佣等为营销工具，将微信的社会化人际关系特点利用得很充分。

案例分析:《吴江日报》——提高用户体验的微网站

为了进一步提升用户服务体验，《吴江日报》在微信公众平台上开通了"3G微网站"。它利用自定义菜单，将微网站设置成一个固定的板块，用户除了每天定时受到《吴江日报》推送的信息外，还可以点击微网站来获得更多新鲜资讯与服务，如参与抽奖活动、查询公交线路、阅读美文等。这些丰富的栏目有效提升了《吴江日报》微信公众平台的活跃度，为其奠定了忠实的用户基础。

【成功原因解析】

日常信息推送、微网站+自定义菜单、丰富的栏目，这些都是《吴江日报》的微信营销亮点。大家在借鉴其营销模式时需要注意，微网站虽然灵活性强，但是商家需要针对自身特点合理开发不同的模块，注重模块的丰富性，这样更容易从多角度来吸引用户关注。

本章思考题

1. 在开通微店时，企业需要重点注意哪些因素？

2. 除了上文所讲的微店平台外，还有哪些微店平台？试举例说明。

3. 微店盈利的前景如何，企业怎样更好地利用微店实现盈利目标？

4. 微店的运营技巧都有哪些，使用这些技巧对微店的运营有哪些好处？

5. 在建立和运营微商城的过程中，企业需要注意哪些方面？

实战训练

2015 年，良品铺子具有 12 亿元的线上渠道销售总额，其中仅上线 2 年的微商城就贡献 8 000 万元左右，可谓一个奇迹。请查阅相关资料，列举良品铺子的微商城经营策略，并分析其成功的具体原因。

第6章
微信二维码营销

学前引导

1. 掌握微信二维码的产生背景和基本概念。

2. 了解微信二维码中蕴含的营销功能。

3. 掌握微信二维码的主要设计要素。

4. 了解微信二维码的生成工具和使用技巧。

5. 了解推广微信二维码的营销工具及其各自特点。

6.1 微信二维码的主要功能

二维码是目前一种较为常见的营销工具，具有很强的营销推广功能，很多商家都在利用二维码，进行信息获取、广告推送、优惠促销等活动。接下来，我们就来看一看二维码的基本功能，如图6-1所示。

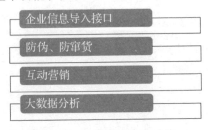

图 6-1 二维码的基本功能

1．企业信息导入接口

二维码是线下与移动互联网的重要连接点，通过线下扫码，消费者可以得到企业的产品详情信息、文化展示信息和生产检测信息，从而使消费者对品牌和产品形成良好印象。此外，通过扫码，企业可以将消费者聚集到线上平台，便于其开展精准、低成本和快捷的广告推送工作。

2．防伪、防窜货

防伪是指通过扫码，对产品信息进行有效监测，从而判断出产品的正伪。这种检测方式具有更为便捷、用户体验性更好的优势；而防窜货（窜货指经销商不顾制造商长期利益和商定好的经销协议，私自对产品进行跨区域降价销售的行为）则是指通过扫码，查询产品的出入记录，追溯产品的具体流向，达到防止恶意窜货、提醒厂商和管理者注意违规行为的目的。

3．互动营销

通过扫描二维码，企业可以将客户引流到企业的线上平台（如公众号）上，从而展开一系列的互动营销活动。例如，有奖促销活动、用户评价反馈活动、电商引流活动等。这些活动可以起到很好的引流推广效果，使企业更好地了解客户需求，从而做到对经营策略的调整和优化。

4．大数据分析

根据用户的扫码信息，我们能够对产品的具体流向、消费者的活跃度情况、经费数额以及促销到达率等数据做到详细了解。而在用户扫描二维码之后，还会留下不少与自身相关的数据。例如，用户收入水平、扫码地点信息、反馈信息等。上述信息和数据可以成为企业经营的重要参考，便于企业的后期优化管理工作。

此外，在活动期间（优惠促销活动等），二维码能够对扫码分布、扫码量和转发量等重要数据进行有效记录，便于企业掌握活动期间的各项数据和具体实施效果。

6.2　微信二维码的设计要素

6.2.1　创意性

随着移动互联网的不断发展，二维码开始得到广泛应用，这种情况的出现，在很大程度上加强了线上与线下的联系，为移动互联网服务的落地提供了重要保证。如今，我们在海报、杂志、报纸、电梯间等处，到处都能看到二维码的影子。

然而，二维码本身却不是那么讨喜，单调的黑白格子形式，也很难引发用户的关注和扫码。那么，我们应该如何做，才能有效改变这一情况呢？答案就是改变二维码的外观，使其更具有创意性，如图 6-2 所示。

图 6-2　二维码创意法

1．色彩缤纷法

通过色彩进行配色，创造出二维码的不同配色效果，是一种很好的创新办法，容易引发用户的关注兴趣。例如，采取多个色相、使用色彩渐变法等。需要注意的是，这种方法要结合产品、企业品牌、活动特质等元素，如此才能取得出色的营销推广效果。

2．局部遮挡法

将宣传主题的核心元素（人物、动物、图形等）融入二维码中，并造成适当遮挡的局面，可以构成较为时尚的整体构图，从而达到吸粉吸睛的目的。

3．中心替换法

将二维码中心的方块图形换成一个具有引导意义和诠释意义的图形，往往能够使用户弄清二维码的真实意义，从而收到较好的传播推广效果。例如，很多企业将自己的 Logo 放在二维码中央，微信的二维码名片中间则放置用户头像。

4．环境嫁接法

这是一种将外界元素与二维码进行巧妙融合的办法。具体做法是通过简单结合和上下渐变融合，达到彰显创新性的目的。

【明星与二维码的巧妙融合】

某些明星将自己的半身像放置在二维码的上端，创造出一种明星与二维码渐变融合的形象，从而吸引粉丝关注。

5．整体造型法

将二维码作为一个整体，进行重新构图，可以衍生出无数创意。例如，将二维码构造成人的身体、卡车的车厢、一颗钻石等。

除了上述方法之外，我们还可以使用主题再造法、单位元件再造法等方法，将二维码做成一个有趣的场景（迷宫、城市等），或使用现实中的物品（巧克力豆、啤酒盖等）摆放二维码，达到凸显互动性、创意性的目的，从而在最大限度上吸引用户的关注目光。

6.2.2　传播性

二维码的一个重要特点，就是改变了以往令人反感的"信息轰炸"模式，创造了一种"等你来扫"的全新模式，这就给予了用户充分的选择空间，让用户可以主动选择营销信息，从而提高了用户的使用体验。正因为如此，我们在设计二维码时就要更加注重彰显传播特性，以此吸引更多人的关注和扫码，创造出广泛传播的良好效果，如图6-3所示。

图 6-3　促进二维码传播的方法

1．传递信息

二维码中要体现出一段中心信息，此类信息可以是图形、文字等不同形式，但要显现出二维码的基本功能和核心意义。

【二维码与披萨】

在二维码中放置一块披萨，并在文字解释中提供"扫码优惠"等信息，就可以促使喜爱吃披萨的用户进行扫码，从而在此类群体中产生较好的推广效果。

2．休闲娱乐

当二维码中出现浓郁的休闲、娱乐元素时，很容易引发用户的关注兴趣。例如，将二维码与搞笑视频、搞笑段子或是 H5 游戏链接在一起，提醒用户扫码即可享受娱乐内容，就能达到很好的吸粉吸睛目的。

3．解谜游戏

用户往往具有好奇心理，对于一些不解之谜会保持较强的关注度。我们可以利用用户的这一心理，设置一些有趣的谜题，提醒用户扫码关注后即可获取答案。这样也可在较短时间内获得较多的用户关注。

需要注意的一点是，此类办法往往只能起到一时的吸粉吸精作用，若想真正留下用户，就要在具体内容上下足工夫，只有这样，才能获取用户的长期支持。

6.2.3　内容互动

当下，互动性户外广告越发流行，与手机终端、二维码技术相结合的互动创意也越来越多。这些现象的产生，无不彰显出移动互联网时代下，企业对内容互动的重视，因为无论是各种创意，还是各种先进的技术手段，归根结底还是要促使用户与企业进行互动，只有做到这一点，才能使营销推广活动取得成功。因此，很多企业的二维码广告都在巧妙地展现出互动性特点，与用户进行友好、有效的交流。

纽约 BBDO 黄禾国际广告公司推出的一款啤酒二维码，就是其中一个典型的案例。这款白色二维码印在酒杯上面，只要用户扫码，就可获得优惠券与特价服务。但是用户若想成功扫码，就要将颜色很深的 Guinness 啤酒倒入杯中，等待二维码显示出来。这就使得二维码扫描与啤酒销售联系在一起，极具趣味性和互动性，易于激发用户的参与兴趣。这次活动也因此获得了不错的推广效果。

从上述案例中我们可以看出，若想激发用户的扫码兴趣，企业就要将二维码打造成一种有效的沟通媒介，与用户进行线上与线下的实时互动，只有这样，才能满足用户的主动参与性需求，进而使二维码营销活动真正落到实处。

6.2.4　合适尺寸

在设立二维码时，如何确定二维码的合适尺寸，是令很多运营者十分头疼的问题。一般来说，二维码的自身信息量和所需像素点成正比，当自身信息量越多时，所需像素点也就越多，而扫码设备也就越发难以分辨，又因为设备（摄像头）是具有分辨上限的，无法分辨过高像素，所以，二维码不能设计得过大，应该充分考虑到扫码设备的分辨和解码难度。

具体来说，二维码中每个小方块的长度应该设计在4毫米～6毫米，而且在打印的时候要根据打印机的DPI（每英寸打印的点数）指数，来设定具体的大小。此外，二维码的组成部分往往是黑白方块，每4个小方块又可组成1个大方块（2×2=4），因此，二维码中长宽的像素值最好是2的整倍数，这样最为和谐。

6.2.5 链接界面

我们在扫描或单击二维码时，往往可以直接进入一个事先设定好的链接界面中，十分快捷有趣。接下来，我们就以QQ空间中的二维码界面链接为例，为大家讲述一下生成二维码链接界面的具体步骤。

（1）进入手机QQ主界面，从左向右滑动界面，选择昵称一侧的二维码图标，如图6-4所示。

（2）在新界面中单击"保存到手机"选项，保存二维码，如图6-5所示。

图6-4 二维码图标

图6-5 "保存到手机"选项

（3）任意打开一个扫码软件，在相册中找出保存的二维码图片，进行扫描。

（4）将扫描出的结果或地址栏中的链接复制，并把该链接插入 QQ 空间的"说说"状态中，就能够显示出二维码界面了，如图 6-6 所示。

图 6-6　二维码界面链接复制

6.3　微信二维码的包装策略

二维码包装策略其实属于一种视觉营销,通过改变二维码的外部包装设计来吸引用户的观赏,同时促使大家扫码。经过包装设计的二维码可塑性会提高,再结合产品内容和品牌元素,不仅可以使二维码本身生动形象,还能提高辨识度,让粉丝一眼就能认出自己,帮助品牌进行了视觉性营销。

二维码包装的典型案例就是美国著名连锁女性成衣零售店维多利亚的秘密。该店在做户外广告时,将二维码置入模特海报上,并且二维码就覆盖于模特的胸部,加上充满诱惑的广告文案:"Reveal Lily's secret（揭露莉莉的秘密）",让用户迫不及待想要拿出手机来扫码,想要窥探莉莉的秘密到底是什么。而只要扫码的用户就会看到维多利亚的秘密内衣。

利用二维码进行营销时,除了以上方法之外,还要了解用户真正需要什么,只有满足了用户的需求,才能真正提起他们的兴趣。与此同时,还要直击用户痛点,并针对痛点给出有效的解决方法、提供相关服务。如 Denver 国际机场就抓住了用户旅途等待无聊的痛点，只要用户扫描二维码就可以下载游戏或免费小说，这直接解决了用户的烦恼。

6.4 微信二维码的推广渠道

我们在做营销推广活动时，如果能够妥善利用二维码，往往能够起到快速传播品牌和产品的作用。那么，我们到底应当如何推广二维码呢？答案就是合理利用二维码的推广渠道，达到多渠道推广的效果。

1．微信朋友圈推广

我们可以将二维码分享至朋友圈，让微信好友看到，从而达到传播推广的目的，如图6-7所示。

图6-7　微信朋友圈

2．微博推广

在自己所发微博上添加二维码，能够使很多陌生人看到并关注，起到良好的传播作用，如图6-8所示。

3．热文推广

热文生成器具有制作热文的功能，我们可以把二维码植入生成的热文中，从而达到热门文章和二维码一起传播的效果，如图6-9所示。

图 6-8　手机微博界面

图 6-9　广告编辑界面

4．线下推广

我们可以将二维码印到易拉宝、传单、海报等处，采取线下活动的形式，将二维码传播出去。

需要注意的一点是，无论尝试哪种推广渠道，二维码本身都要具备创新性，让人觉得与众不同，只有这样，二维码才能吸引到用户的关注兴趣，进而引发扫码关注。

案例分析：JC Penny 百货公司——二维码与场景的结合

二维码的出现，是为了让消费者能更快更便捷地进入网站或活动界面，而二维码和场景的结合相信会带给大家不一样的体验。

JC Penny 是美国一家服装商场，在 2012 年的圣诞节举办了一项"Who's your santa"（谁是你的圣诞老人？）活动，是二维码与场景的完美结合。

顾客不管在 JC Penny 购买何种商品，当顾客向服务台索要礼品盒时，就可以得到一个二维码贴纸。那么，这个二维码贴纸是怎么用的呢？

（1）顾客用智能手机拍下二维码。

（2）顾客被指引进入可输入手机号码的界面。

（3）顾客接听到来自 JC Penny 的服务电话。

（4）顾客根据语音提示录制给收礼物人的留言。

（5）顾客将贴纸贴在礼品盒上。

当收到礼物后，收礼人只要用智能手机对准二维码，就能从手机中听到来自送礼者的留言，并且还可以用这个系统对送礼者表示感谢。

【成功原因解析】

JC Penny 的做法是利用二维码的特性，使其发挥了其应有的功能。利用圣诞节要送礼物这个场景，将礼物和留言合二为一，而消费者愿意参加到活动中来，正是因为不管是送礼者还是收礼者，都想听到对方真实的声音所表达出的独一无二的感情。

本章思考题

1. 二维码的基本功能都有哪些，它们是通过何种方式体现出来的？
2. 怎样才能设计出创意十足且吸引眼球的二维码？
3. 二维码的传播要通过哪种媒介来实现，它们各自的特点是什么？
4. 在推广二维码时，企业和营销者需要注意哪些方面？

实战训练

2015 年年底，统一鲜橙多推出了"新年扫码赢大礼"活动，消费者只要开盖扫二维码，即可领取红包。请查阅资料，讲述该活动的具体开展方案，以及活动产生的具体效果。

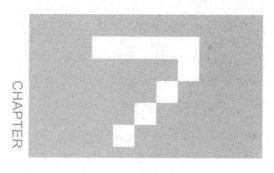

CHAPTER 7

第 7 章
不同行业的微信营销案例分析

学前引导

1. 了解微信营销对于各个行业的重要性。

2. 掌握各个行业的微信营销技巧。

3. 掌握行业案例中蕴含的微信营销思路。

4. 了解微信营销在各个行业中的发展前景。

7.1 服务行业

7.1.1 服装行业微信营销案例分析

服装行业具有市场变化快、季节性分明、设计周期长、品牌种类繁杂等特点，无论是大品牌还是中小企业，若想在变化多端的服装行业中立足，就要与时俱进、适时而变，找准营销模式。面对市场潜力巨大的微信，服装行业要灵活运用微信的各项功能，最大限度地实现品牌传播、壮大客户群等目的，如图 7-1 所示。

1. 从微信功能中发掘商机

例如，通过"扫一扫"展开 O2O 商业活动，借助"附近的人"进行地理位置精准定位营销，扔"漂流瓶"开展创意活动，在"朋友圈"进行口碑宣传，等等。

图 7-1　服装行业微信营销方案

2．转变营销模式

以前，服装行业主要通过线下大量的渠道终端来销售产品，在开通微信公众平台后，就要着重考虑如何将线下销售和线上销售结合起来，让更多的用户通过实体店和网络两种渠道来消费。

3．用品牌与客户建立联系

在数字时代里，品牌形象是服装行业不可或缺的发展条件，一个好的品牌能够吸引众多客户关注，而关注度越高，则越有利于行业发展。

4．推广微信会员

商家可以在二维码中植入微信会员制度，并设置相应的优惠政策，同时借助网络平台或实体媒介推广二维码，从而增加微信关注度，打响品牌知名度。

5．打造精彩资讯

服装行业是一个活力十足的销售领域，商家应该定期发布一些新鲜、具有创意的时尚资讯，并将这些资讯与自己的产品结合起来，这样有助于吸引目标群体关注。

【实例解读】莱秀服饰

知名服装品牌莱秀服饰自开通微信公众平台后，就对自身的账号展开大规模的宣传，它将自己的二维码通过 PC 商城、官方网站、微博、海报、宣传单、服饰画册等多种渠道进行宣传，成功地迈出了微信营销的第一步。接着，它还开展了免费送好礼的活动，只要关注莱秀服饰官方微信的用户，就有机会获得精美礼品。

莱秀服饰在微网站上开展了为期两个月的以"莱秀邀您免费试穿大牌"为主题的大转盘活动，极高的中奖概率，极大地提高了用户的参与度和活跃度，粉丝在两个月的时间里增加了 28 094 人。通过后台强大的数据统计功能，莱秀服饰还获取了很多潜在的购买客户，而且根据不同维度对粉丝进行有效的分组，更加促进了信息的精准有效推送。

7.1.2 餐饮行业微信营销案例分析

作为新的营销手段，微信营销自然也成了众多餐饮行业赚钱的有效手段。相较于在电视上做广告、散发纸质传单等耗费财力、人力的宣传方式，微信营销可以起到更好的宣传效果，它具有成本低、投放精准、不受时间空间限制等优点，是餐饮行业迅速扩大知名度的绝佳之选。不仅如此，微信订单还会给餐饮行业带来丰厚的利润，只要商家能够牢牢抓住微信背后庞大的用户群，那么由此而产生的商业价值将是不可估量的，如图 7-2 所示。

图 7-2 餐饮行业微信营销方案

1．微信菜单打造

打造精美、明晰的微信菜单，第一时间吸引用户眼球，方便用户选择。

2．LBS 定位推送

通过 LBS 定位功能向用户推送餐饮信息，挖掘附近的潜在客户，借此打造一个免费的，集宣传、订餐等服务于一体的营销平台。

3．多号运营

运营两个或多个公众账号，将优惠促销活动和品牌文化信息分开，这样既方便用户使用微信优惠券，又有助于商家进行品牌深度推广，更容易吸引粉丝关注。

4．线上转线下

通过二维码将线上用户转为线下用户，并采取创意活动刺激用户到实体店消费，实现口碑营销和拓展销售渠道的双重目的。

5．借助第三方应用提高自身服务

我们也可以选择适合自身的第三方产品，以弥补自身的不足，全面提高客户的服务体验，这样能够有效地巩固客户基础，有助于产品口碑传播。

【实例解读】妙 MUSE 滋味美食 SGG

妙 MUSE 滋味美食 SGG 是一家巴黎越南小吃名餐厅，自创建以来就以其独特的风味和服务而著名。随着微信的迅速发展，该餐厅也加入了微信营销大军，通过利用微信海云平台开发搭建了公众账号之后，它便在微博、贴吧、朋友圈及线下门店进行了大范围的二维码铺设，顾客通过扫描公众二维码，关注公众账号，便可以获取优惠信息。除此之外，妙 MUSE 滋味美食 SGG 的公众账号还开通了微信点餐功能，顾客在家里即可点餐，店员电话确认之后可提前做好准备迎接顾客的到来；对于直接进店的顾客，每个座位上都摆放着一个平板电脑，代替了以往传统的点餐方式，顾客可以直接用微信点餐下单。就餐完毕之后，顾客可以用微信在线支付，也可以用支付宝进行支付，还可以用现金或银行卡进行支付，非常便捷。

7.1.3　酒店行业微信营销案例分析

对于在外奔波的人来说，住宿是一个颇受关注的话题；而对于酒店行业来说，若是能让客户及时有效地了解酒店相关信息，那么酒店提高知名度、增加目标客户等目标的实现将变得更加容易。作为一款使用性广泛、信息投放精准度高的即时通信工具，微信自然就成了酒店行业运营的新选择。布丁酒店试水微信营销，就为众多同行展现出了微信强大的营销功能，它在微信公众平台上开通了订房功能，从中赚取了丰厚的利润。那么，酒店行业该如何利用微信开拓运营之道呢？下面，我们就来全面解析一下，如图 7-3 所示。

1．信息内容构思

以用户需求为导向，用心构思信息内容，向用户推送与酒店信息相关的实用内容。尽量避免单纯的广告、笑话或美文等，以免引起用户反感。

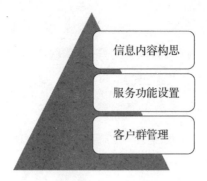

图 7-3　酒店行业微信营销方案

2．服务功能设置

以用户需求为导向，设置相关的服务功能，如利用定位功能为用户提供周边酒店信息、开通会员查询服务、满足用户在线预订客房需求等。

3．客户群管理

有效管理客户群，可以通过会员奖励机制来维护用户忠诚度，例如，打折优惠、积分奖励等，这些方式有助于让微信公众账号随时保持新鲜度与活跃度。

【实例解读】江苏淮左名都酒店

淮左名都是江苏省内一家知名的连锁酒店，其微信公众账号一经推出，就迅速吸引了近 1.5 万名会员。该账号非常注重与用户的双向互动，不仅能通过地理位置为用户提供及时的自动回复，还在后台设立了 10 名客服人员，为用户提供贴心的在线回复。正是基于这种良好的会员管理模式，仅仅 1 个月的时间，淮左名都酒店的微信公众账号粉丝数量就突破了 5 万，订单数量也与日俱增。据了解，通过关注淮左名都酒店微信公众账号，用户可以直接在线预订客房、预订酒宴、办理会员，享受全方位的酒店服务。

7.1.4　家装行业微信营销案例分析

随着生活水平的不断提高，家居装修在消费者心目中的地位也越来越高，这使得家装行业的竞争变得更加激烈。那么，家装品牌如何才能从众多同行中脱颖而出、扩大自己的影响力呢？这就需要商家有敏锐的市场洞察力，借助当下盛行的方式来营销，其中，微信营销就是一个不可错失的大好机会。作为时下最热、最新的移动服务平台，微信能够更直接地推广品牌信息，为用户提供更精准的服务，为商家建立更紧密、更融洽的客户管理机制。若是能充分发掘微信的营销潜力，相信家装行业将会迎来一个崭新的春天，如图 7-4 所示。

图 7-4　家装行业微信营销方案

1．实体店推广

借助实体店面推广微信二维码，可以在店面的醒目位置，如门口、前台、样板间等地方设置二维码标志，以方便消费者扫描。

2．朋友圈推广

借助"朋友圈"来扩大品牌知名度，开展"分享优惠"活动，只要消费者将品牌的微信公众账号分享至自己的"朋友圈"，就能够享受消费打折优惠，这样可以提高消费者的参与性。

3．活动推广

商家通过组织有奖互动、团购会、摇大奖等创意活动，巩固老客户的同时，发掘新用户，提高品牌影响力。

4．服务功能提升

无论做"订阅号"还是"服务号"，商家都要以服务为主，可以设置关键词导航服务、自定义菜单、设计师在线咨询等功能，帮助用户解决家装方面的大小问题。至于图片信息，公众账号既要保证资讯新鲜，还要注意原创性，同时要注意避免频繁推送。

5．社区推广

将社区作为主要的推广对象，有助于家装行业锁定目标客户群。许多家庭有这样的习惯：在装修自己家之前先参观邻居家的装修成果。如果遇到自己喜欢的风格，就会选择和邻居一样的装修公司，这就在无形中为商家创造了商机。因此，商家不妨以某个社区为主，在该社区中推广自己的二维码，并做一些问卷调查，为目标客户提供满意的服务，这样可以奠定坚实的客户基础，有助于今后的发展。

【实例解读】长株潭报公众号

长株潭报是株洲第一个家装微信公众账号，它除了向用户提供家装建材方面的信息、市场动态外，还与用户展开交流互动，提供个性化的优惠服务。在长株潭报的微信公众账号上，用户可以通过关键词回复获取株洲最全、最优的家装品牌信息，还可以参与"转盘抽奖""刮刮乐"等活动。这些营销活动有效扩大了长株潭报的影响力，同时也提高了一些家居品牌的知名度，如鸿扬家装、蝶依斓布艺等。

7.1.5　快递行业微信营销案例分析

中国的快递人员有100万人左右，每月快递公司和快递人员的电话沟通量十分巨大，后台呼叫中心的建立也需要大量资金，这就使得快递行业的投入成本居高不下。那么，有没有什么办法可以有效地降低快递行业的经营成本呢？答案是有，我们可以通过微信沟通的方式，与客户建立更加快捷、高效的联系，给客户更好的服务体验。而在这个过程中，快递公司将会积累大量客户数据，并将快递品牌价值很好地传达给客户，从而产生巨大的商业价值，如图7-5所示。

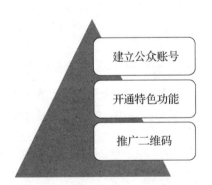

图 7-5　快递行业微信营销方案

1．建立公众账号

快递公司可以建立自己的微信公众号，并添加个性化管理功能，与各个快递员的个人微信工单派送功能进行打通。

2．开通特色功能

开通微信公众号平台上的发件、查询、投递、客户评价等特色功能，令客户可以随时了解自己快递件的状态，并方便与附近的快递员取得联系，从而进行沟通、预约以及相应的评价活动。

3．推广二维码

在包裹单、快递员身上、物流车上附带二维码，方便客户随时扫码关注，从而为下一步的客户服务和营销工作打下必要基础。

【实例解读】顺丰速运

在顺丰速运的传统经营流程中，大致分为以下几个步骤：用户打电话下单——收货人员上门服务——运单填写——支付款项——将货物送至分拣部——扫描运单——输单工作——中转工作。其中在扫描运单之前的流程，都要靠纸质文件来完成，而中转之后的环节又要依靠信息化，所以需要消耗大量的人力，造成经营成本居高不下。此外，付款环节也是很令工作人员烦恼的事，因为大多数运费都是12元、22元之类的金额，涉及找零的问题，十分不便。

为了解决上述问题，顺丰速运开始建立自己的微信公众号，并在微信平台上重塑运营流程，更新后的流程分为：微信上下单——工作人员上门收单——电子运单打印——微信支付——将货物送至分拣部——中转。这就极大地节省了人力物力，在提高运营效率的同时，也给用户提供了上佳的服务体验。

除此之外，顺丰还给售货员配备了便携打印机和收银终端掌上电脑（Personal Digital Assistant，PDA），保证了他们可以将电子运单顺利打印出来，并随时进行电子收款工作，十分方便快捷。

7.2　娱乐与文化行业

7.2.1　旅游行业微信营销案例分析

随着旅游业的发展壮大，营销逐渐成为旅游类网站发展过程中的重点。众所周知，景区的销售业绩好不好对旅游业具有决定性的影响，可以说，谁能在第一时间招揽到最有价值的客户，谁就能优先胜出，否则将很容易被其他同行排挤到不利位置。微信的出现恰好为旅游类网站开启了一条全新的营销之路，它的即时性、全民性等特点都为旅游类网站提供了不容错过的商机，关注微信、抓住微信带来的商机，旅游业未来的发展将不可限量，如图 7-6 所示。

图 7-6　旅游行业微信营销方案

1．及时更新旅游资讯

旅游是一个与时俱进的行业。若想有效吸引用户关注，我们就要向用户推送最新、最热门的资讯。这需要大家随时关注旅游动态，及时更新相关资讯。

2．鲜明的定位

定位一定要鲜明，应以服务旅游爱好者为主，打造丰富的信息内容，既满足用户休闲娱乐的需求，又为用户提供解决问题的方法，从而最大限度地服务用户。

3．便捷的服务

打造便捷的服务导航，接入门户网站，还可以设置关键词自动回复，为用户带来更便捷的服务体验，同时彰显自身的特色。

4．充分利用小功能

充分利用微信中的各项功能推广产品，如"摇一摇""二维码""附近的人"等，发展潜在客户，全面调动线上用户和线下用户的积极性，创造良好的口碑效应，从而达到增加微信订单的目的。

5．开展创意活动

将品牌植入活动中，通过发放奖品、提供优惠等措施吸引更多用户关注，并提高用户质量。

【实例解读】同程网

同程网是国内一家知名的旅游电子商务平台，同时也是较早开通微信公众账号的旅游类网站。用户只要关注同程网的微信账号，就能够获知新鲜、全面的旅游资讯，同时还可以在微信上直接下订单。在开通了"自定义菜单"功能后，同程网进一步优化了自身的服务功能，为用户提供预订门票、预订机票、查询旅游攻略、了解当地天气状况等服务，甚至还支持用户投诉、提建议等操作。此外，同程网还开通了"全国景点团购"微信公众账号，为用户提供高达 8 000 项的景点团购项目，进一步提高了用户关注度。有数据显示，同程网每日收到的门票订单数量超过 500 张，酒店订单近 100 张，机票订单也有数十张。由此可见，微信商机之大丝毫不亚于某些热门 App。

7.2.2 休闲行业微信营销案例分析

休闲行业是现代社会经济发展的产物，它首先出现在 19 世纪中期的欧美地区，伴随着经济的快速发展，它在 20 世纪末就已经进入了成熟期。但是，由于生产效率的不断提高，人们可自由支配的时间越来越多，而且在物质生活得以被满足的基础上开始不断追求更高层次的精神需求与享受，因此，休闲行业的转型发展成为了一种必然趋势。在各行各业纷纷进行微信营销的同时，休闲行业也不失时机地跻身微信营销大军。那么，对于休闲行业来说，它该如何运用微信营销呢？下面就让我们一起来了解一下休闲行业的微信营销技巧，如图 7-7 所示。

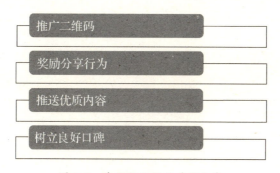

图 7-7　休闲行业微信营销方案

1．推广二维码

借助二维码来推广微信公众账号，用户扫描二维码关注公众账号以后即成为会员，可享受贵宾待遇。

2．奖励分享行为

对于在休闲场所拍照并分享至朋友圈的会员，奖励精美礼品作为纪念，这样既提高了会员的互动性，又提高了休闲场所的知名度。

3．推送优质内容

提高休闲场所的服务质量，借助微信平台的各项功能，向用户推送有价值的信息。

4．树立良好口碑

在现有的用户群中树立良好的口碑，以此来巩固用户的忠实度。

【实例解读】金色驿站

金色驿站是金色世纪凭借强大的集团实力建立起来的商旅驿站，到目前为止，它已经形成了覆盖全国机场、高铁的服务站。金色驿站以"书、香、花、琴、茶"五道文化为设计主题，同时将"满意+惊喜"作为自己的服务标准，为高端会员提供安全放心、服务贴心、享受随心的驿站式服务。

随着移动互联网时代的来临，金色驿站紧跟时尚潮流，与微信海合作，开发了微信公众账号。在旅客到达高铁站或者机场时，即可看到金色驿站的硕大的二维码广告牌，扫描关注二维码，并在微信上开通商城之后，旅客就可以进行便捷查询、购买金色驿站的贵宾服务，同时还可以参加在线抽奖、免费品尝中华仙茶等活动。为了与会员互动，金色驿站鼓励会员和金色驿站合影，并鼓励会员将照片发送至公众账号图片墙或分享至朋友圈，宣称这样做即可赢取精美礼品。通过两个月的坚持运营和推广，金色驿站获取了 39 876 位粉丝，并且都是高端人士。

7.2.3　健身行业微信营销案例分析

健身行业属于朝阳产业，它不像传统行业那样在日常生活中十分普遍，其经营情况通常会受到地域、观念等因素制约。一般来说，健身行业在一些大中型城市中有所发展，而且消费者以高收入、思想新潮的人群为主。此外，健身行业的经营往往还会受到淡季、旺季的影响。在一段时间内，健身行业并不能完全摆脱这种困局，不过，只要善于灵活运用多种营销方式，那么健身行业还是会得到长足的发展。在这里，我们就来介绍一些适用于健身行业的微信营销方式，如图7-8所示。

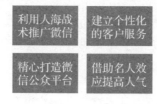

图 7-8　健身行业微信营销方案

1．利用人海战术推广微信

一般来说，健身房多位于人群较为密集的地方。健身房可以借助地理优势，通过宣传单、易拉宝、店面展示等多种方式曝光二维码，将健身卡融入二维码中，从而令更多人关注健身行业的微信公众账号。

2．建立个性化的客户服务

健身房可以根据不同的客户情况设置不同的会员制度，例如将微信会员卡分级管理，由银卡开始，根据消费情况逐步升级为金卡、钻石卡等。面对工薪阶层，可以推出不定期的促销活动；而针对高级会员，则可以制定较为高端的私人健身服务。这种灵活的个性化服务既有助于吸引更多普通消费者关注，还能够稳定固有的客户群。

3．精心打造微信公众平台

每天，健身房要为客户提供健身方面的资讯、健康的饮食菜单，还可以针对不同类型的用户提供相应的健身计划。另外，健身房还可以在微信公众平台上开设客户小秘书，为客户提供更贴心的人工服务，全面提升客户体验。

4．借助名人效应提高人气

如果商家有条件的话，可以聘请知名的健身教练坐镇健身房，或者请明星代言，然后通过微信广泛传播相关信息。这样能够起到快速"吸粉"的作用，有助于提升健身房的知名度。

【实例解读】山东银座健身俱乐部

山东银座健身俱乐部是一家大型全国连锁机构，定位于专业健身和美容，是全国首家开通 App+Wap 微信 3G 首页的健身行业。在其微信界面上，用户不仅能清晰地看到门店介绍、健身公告、课表查询等多种信息，还可以直接在微信上注册会员、与客服进行互动留言。为了进一步提升客户忠诚度，山东银座俱乐部还不定期推出微信活动，如手机优惠券、幸运大转盘、微信免费观影等，在 9 周年店庆的微信活动中，它还设置了丰厚的大奖来回馈客户，吸引了不少用户关注，成功树立了良好的品牌形象。

独具特色的微信界面、功能齐全的服务、妙趣横生的微信活动，这些都是山东银座健身俱乐部的营销亮点，值得同行借鉴。由于健身行业本身存在的局限性，我们建议大家走稳步发展的路线，以服务、诚信来逐步提升品牌影响力。不要急功近利、弄虚作假，以免产生适得其反的负面效应。

7.2.4　图书行业微信营销案例分析

图书出版行业本身就是一个信息量巨大、更新速度快的行业，选择与时俱进的营销方式对其发展来说具有重要意义。在微博盛行的时候，出版行业瞅准了微博营销，借助微博这一平台推广图书信息。现在更强大的微信出现了，出版行业自然不会错失这一机遇。作为一种新兴的营销平台，微信为出版行业开拓了一条新的营销之路，虽然其信息推送模式有一定限制，但这也使得它比微博更加有深度，而且它能够及时、准确地将信息投放出去，比微博的信息传达率更高。当然，除此之外，微信还潜藏着许多其他的营销价值，有待于图书出版行业去深入发掘，如图 7-9 所示。

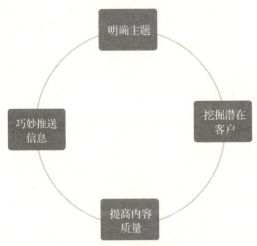

图 7-9　图书行业微信营销方案

1. 明确主题

一般来说，关注某出版社公众账号的用户大多为喜爱该出版社的读者，因此打造一个响亮的名字对出版社来说具有重要意义，同时出版社还要做到精准定位，明确公众账号的主题，以便吸引目标群体的关注。

2. 挖掘潜在客户

通过微信"扫一扫"功能发掘更多的潜在客户，如借助二维码提高品牌知名度，提高线上、线下用户的关注度；还可以通过条码打通销售渠道，这样有助于增加订单量。

3. 提高内容质量

内容质量好坏是微信营销中关键的一环，出版社若想从众多同类型账号中突出重围，就要打造有深度、有价值的优质内容，并掌握好推送时间和频率，满足用户的订阅需求，这样有助于提高用户忠实度。

4. 巧妙推送信息

灵活运用多种形式来推广图书信息，还可以通过开展营销活动，让用户享受到更多的贴心服务和优惠，进一步提升品牌影响力，扩大目标客户群。

【实例解读】凤凰壹力

北京凤凰壹力文化发展有限公司是一家民营出版机构，它在2013年3月开通了自己的微信公众平台，加入了微信营销大军。凤凰壹力微信公众账号主要有4个板块，分别为用户提供新书预告、在线试读、客服连线、抽奖服务，这些营销措施很快为它吸引了一大批用户，不到1个月，它的粉丝数量就超过了600个，这在同类型公众账号中算是"吸粉儿"速度比较快的了。此外，凤凰壹力还将豆瓣小组、微博、淘宝等图书营销渠道融入微信公众平台上，在微信公众平台上形成了一个完整的闭环销售模式。

7.2.5 美容行业微信营销案例分析

微信用户的增长速度是有目共睹的，微信用户中潜藏的客户群是不可估量的，美容行业自然也不会错过这一商机。我们知道，女性是美容行业的主要消费人群，若是能调动起女性群体的消费积极性，那么美容行业将会迎来一大波消费热潮。下面，我们就来分析一下美容行业如何通过微信来营销，如图7-10所示。

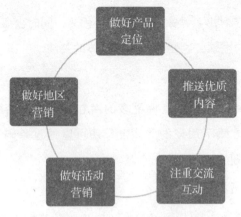

图 7-10 美容行业微信营销方案

1．做好产品定位

精心定位自己的产品，无论是美妆产品还是护肤产品，都要打造出自己的特色，这样有助于吸引目标客户群的关注。

2．推送优质内容

向用户推送有价值、有创意、趣味性强的内容，并掌握好推送频率，避免频繁推送单纯的产品广告，以免让用户产生反感情绪。

3．注重交流互动

注重与用户交流互动，将关键词回复和人工客服结合起来，为用户提供及时、贴心的服务，这样可以增加粉丝黏性。

4．做好活动营销

充分发挥微信会员卡的功效，将会员卡与二维码结合起来，通过多种途径宣传二维码，发掘更多潜在客户。此外，还可以通过线下活动吸引客户关注，让用户在享受更多优惠的同时，提高对品牌的认同感。

5．做好地区营销

美容行业是一种比较贴近社区生活的行业，我们可以借助地理位置优势，将周边的人群发展为目标客户。此外，我们可以借助宣传单、易拉宝等推广二维码，并用微信会员、打折优惠等措施吸引人们进店参观、消费等。在做好小范围的地区营销后，商家还可以根据自身实际情况扩大营销范围。

【实例解读】化妆品报

化妆品报是国内非常有名的化妆品行业纸类媒体大佬,在行业内有着举足轻重的地位。从 2013 年 8 月开始,化妆品报就和微信海公司进行了合作,为化妆品报微信公众账号进行了开发搭建。

2013 年,化妆品报年会召开,对各大合作的化妆品品牌产品进行了全方位展示,会议现场进行了大转盘互动,百分之百的中奖概率让现场气氛达到了高潮,粉丝人数在 3 天的时间里增长了 4 235 人。而每日推送的化妆品行业的相关资讯,不管是在版式上还是在内文上,都很好地站在了用户的角度去考虑,留住了因为活动而来关注账号的粉丝。

7.2.6 游戏行业微信营销案例分析

在众多行业纷纷试水微信的时候,游戏行业怎么能错失这一发展机会呢？其实稍做分析我们不难发现,微信和游戏行业有着十分鲜明的共同点:它们都拥有庞大的用户基数。若是游戏商家能够充分开发微信的潜力,那么肯定会受益良多。当然,要怎样发现和选择适合自身发展的微信营销方式,还需要游戏商家根据自己产品的特色不断尝试和创新,如图 7-11 所示。

借助微信公众号进行推广

设置特色奖品

促进互动交流

图 7-11　游戏行业微信营销方案

1．借助微信公众号进行推广

借助微信公众平台进行新产品前期推广,让用户提前了解新游戏信息,以积累一定的基础用户。

2．设置特色奖品

游戏商家可以设置游戏礼包、免费体验等奖品,提高用户体验,这样既有助于商家获取有价值的用户反馈,进一步完善自身产品,还能起到口碑传播的效果。

3．促进互动交流

注重与用户进行一对一沟通，有目的地管理用户，让用户对微信公众账号产生依赖感，从而提升公众账号的粉丝忠诚度。

【实例解读】圣斗士星矢

"圣斗士星矢"是完美世界旗下的一款游戏，在微信营销如火如荼的时候，"圣斗士星矢"也开始试水微信，推出了自己的微信公众账号。玩家只要将其添加为关注，就有机会获得白金测试的体验资格。为了进一步增强微信公众平台的互动性与趣味性，"圣斗士星矢"还通过后台工作人员与微信玩家展开及时互动，为玩家提供在线活动、版本资讯、新服开启等信息，并针对用户的反馈意见对游戏做出完善。在短短的 1 个月内，"圣斗士星矢"的粉丝关注度就超过了 2 万，并收到了将近 5 000 份的有效调研问卷，为其后续发展奠定了坚实的基础。

7.3　社会公共行业

7.3.1　房地产行业微信营销案例分析

随着微信营销不断深入人心，房地产行业也加入到微信营销的热潮中。显然，微信背后上亿的用户是吸引众多房地产开发商趋之若鹜的诱因之一。此外，微信精准的客户定位功能也是推进地产营销的一大利器。后来，腾讯房产推出了"微信买房"活动，充分展示了微信营销在房地产行业中的商业价值。此次活动吸引了众多名企员工前来"扫码"，达成意向成交的楼房有 60 多套，意向成交金额超过了 1 亿元。当然，"微信买房"只是房产电商平台进行营销的一种方式，随着微信平台被越来越多的房地产企业所认可，我们不难想象，在微信的带动下，房产营销将跨入一个新的营销时代，如图 7-12 所示。

图 7-12　房地产行业微信营销方案

1．O2O 与微信营销相结合

将 O2O 模式与微信营销结合起来，利用线上、线下的媒体资源来助推微信公众账号，发展更多的线下客户。例如将二维码印在易拉宝、宣传单等物品上，或者发布在网站、微博等平台上，吸引更多的人前来"扫码"。

2．打造多种模块

借助微信公众平台打造多种模块，将楼盘的项目信息、周边交通、环境与设施等清晰地呈现给用户，让用户在手机上就能查看楼盘户型，并进行在线预约免费看房。

3．打造趣味信息

打造有趣、有价值的宣传信息，如品牌故事、优惠信息等，让用户随时随地了解房产信息。切忌单纯地打广告，这样很容易引起用户的反感情绪，起到适得其反的作用。

4．充分利用小功能

通过"朋友圈""摇一摇""附近的人"等功能进行口碑宣传、实时互动，刺激用户的消费欲望，发掘潜在目标客户群。

5．开展创意活动

策划创意活动，提高客户的忠实度。例如，借助节日来酬宾，开展优惠、奖品互动等活动，这样不仅能起到扩展客户群的目的，还能大范围推广品牌形象，更有利于促成交易。

【实例解读】绿地集团

扬州绿地集团与微信解决方案专家微信海展开合作，在正式开盘时进行二维码签到活动。用户只要在签到现场扫描二维码，就可以关注绿地集团的微信公众账号，了解最新、最全的楼盘信息。此外，绿地集团还推出了微信端全程导航、趣味大转盘活动，为用户设置了现金折扣券的惊喜。中奖的用户可以用折扣券直接抵扣购房费。这些便捷的服务和创意活动在客户群中引发了良好反响，使得开盘当天的 500 套房售出490 套，绿地集团成功实现了营销目的。

7.3.2　金融行业微信营销案例分析

金融行业是一个变幻莫测的领域，同行之间的竞争更是残酷激烈，随着互联网金融的兴起，微信也开通了支付功能，这令金融行业市场跃跃欲试。华夏基金、南方基金等基金公司开始试水微信理财，至此，基金从 PC 终端发展到移动终端，正式向人们宣告："指尖上的基金"已成现实。当然，瞄准微信营销的不只是基金公司，许多银行、保险公司也纷纷加入微信营销大军，如招商银行、工商银行、泰康人寿、弘康人寿、平安人寿等。然而，微信究竟会给金融行业创造多少利润，归根结底还要看行业如何运营微信，但不可否认的是，微信理财已成为事实，没有人能忽视它的存在，如图 7-13 所示。

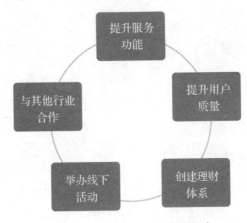

图 7-13 金融行业微信营销方案

1．提升服务功能

借助微信平台的各项功能，为用户提供便捷、有价值的服务，这样可以巩固用户忠实度。

2．提升用户质量

充分利用现有用户资源来发展目标客户群，树立良好的口碑效应，向用户推送有价值的信息，促进产品推广。

3．创建理财体系

建立完整的理财体系，打通微信支付功能，这样既能满足用户的理财需求，又能为自己创造利润。

4．举办线下活动

开展新颖的线下活动，增加用户的活跃度和忠实度，扩大金融品牌的宣传。

5．与其他行业合作

在日常生活中，我们有时会看到"刷×××银行信用卡，看电影享半价优惠"的信息，这就是银行与其他行业展开商业合作，为客户提供便民优惠的服务。这一方法非常适合银行信用卡推广，它既可以增加客户量，还能够提高银行知名度。

【实例解读】光大银行兰州分行

在各大银行纷纷试水微信的时候，光大银行兰州分行也开通了自己的微信公众账号。它充分运用人工智能、语音识别、GPS定位等技术，旨在为用户打造良好的移动金融体验。光大银行兰州分行在开通微信公众账号后，客户可以在微信平台实现直接预约信用卡、储蓄卡、POS机、缴费等活动。同时客户除了可以直接观看乐视电视、查询银行网点信息之外，还可以在微网站相对应的栏目里享受各种便民服务。

7.3.3　教育行业微信营销案例分析

教育行业可以说是一个灵活度非常大的行业。它涉及的面比较广，而且种类繁多，既有针对孩子开设的小学、初中、高中等教育机构，又有针对成年人开设的特色学习班，还有针对公司、企业等组织设置的培训机构等。因此，在开展微信营销时，不同类型的教育机构要根据自身特色选择合适的营销道路。在这里，大家需要注意以下几个方面，如图7-14所示。

图 7-14　教育行业微信营销方案

1．明确定位

不同类型的教育机构面对的受众往往有所不同，因此，微信营销第一步就是要明确自身定位，锁定目标人群，有目的地制订微信推广计划。

2．提供有价值的信息

对教育行业来说，信息是一个至关重要的方面。它是人们了解、认识某个机构的着手点，是吸引受众关注的重要因素。因此，在微信营销中，大家一定要向用户推送有价值的信息。例如，本机构专注于哪方面的教育、取得过什么卓越成绩、有哪些雄厚的师资、最新的教育动态等，这些都是吸引受众关注的关键点。

3．注重口碑营销

在微信平台上推送有价值的信息、在线下派送印有二维码的宣传单、将现有学员发展为第一批微信客户等，这些都是树立口碑的有效途径。一般来说，完善现有用户的服务体验，能够提升老客户的忠诚度，并激发老客户"自主分享"的积极性。

【实例解读】华图教育

华图教育是一家集面授培训、图书策划、网络教学等项目于一体的教育机构，为了更好地服务广大考生，华图教育开通了微信公众账号。用户只要关注其账号，就可以获知最新的国考资讯，还可以在微信上与华图教育客服进行一对一互动，解决考试疑问。此外，华图教育还为用户提供备考方式、备考资料、公益讲座等全方位的教育服务。这些贴心的服务为华图教育吸引了一大批忠实用户，同时也为其树立了良好的口碑，为其今后的发展奠定了坚实的基础。

明确的定位、符合用户需求的信息推广、注重培养用户的忠诚度等都是华图教育开展微信营销时的亮点。其他教育行业在借鉴其营销方式的时候要注意，从用户心理需求出发，打造能够满足用户需求的产品与服务，这样更容易赢得用户信赖，有助于树立良好的口碑。

7.3.4　婚恋行业微信营销案例分析

在人们的日常生活中，"剩男剩女"绝对算是一个热门话题，它不仅反映出当下社会的一种状态，还对婚恋行业起到了一定的推动作用，像现在比较热门的"电视相亲"就是婚恋行业的产物之一。在一些相亲会上，微信"摇一摇""扫一扫"等功能也成了众多男女交往的方式，这对婚恋行业来说是一个不容错过的赚钱机会。那么，婚恋行业如何通过微信来营销呢？下面我们就来仔细分析一下，如图 7-15 所示。

图 7-15　婚恋行业微信营销方案

1．开发客户资源

想要通过微信来拓展商机，婚恋行业本身要具备一定的客户资源，这样才能为发展相亲业务提供基本的条件。

2．严格审查

严格规划审查流程，避免骗婚、酒托、饭托等不良现象，从而提高自身的信用，树立良好的品牌形象。

3．有效互动

与用户开展即时互动，不断深化服务，根据不同用户的需求提供不同的服务，增加用户忠实度。

4．开展线下活动

全面调动线上、线下的用户，这样既可以提高用户积极性，还能有效宣传自身品牌。

【实例解读】对爱网

对爱网是一家婚恋网站，在创立之初，它的运作效果并不好，远远赶不上百合网、世纪佳缘等成熟的网站。在 2013 年 1 月，对爱网开通了自己的微信公众账号"对爱"，很快就扭转了不利局面，仅用了 1 周时间，它的关注度就达到了 2 万，每天收到的交友信息数不胜数。"对爱"之所以能够迅速提高知名度，与其独特的营销方式有密不可分的关系。它注重提升用户的质量，对每位用户的资料都进行严格审查，这就排除了一些盲目交友的用户，让真正有婚恋需求的人成为目标客户。此外，"对爱"还设有便捷的服务功能，帮助用户查询、筛选合适的婚恋对象，给用户带来了良好的交友体验。这些措施都为其赢得了很高的关注度，给它带来了良好的口碑效应。

7.3.5　法律行业微信营销案例分析

随着微信热潮的不断高涨，法律行业也刮起了"微信风"，有调查显示，目前法律类的微信公众账号已经超过了 1 000 个，许多账号背后都拥有强大的服务团队，而国内律师事务所的总数也不过 2 万家左右，由此可见，法律行业对微信营销有多么重视。事实上，法律行业本身是极具商业潜力的市场，由于服务难以标准化，而且与其他行业比起来较为封闭，所以长期以来该行业一直无法快速盈利，在互联网上也没有一个响当当的法律服务品牌。而微信的出现恰好提供了很好的盈利机会，为法律行业开启了一片新天地，如图 7-16 所示。

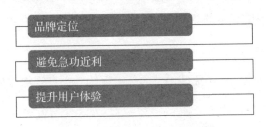

图 7-16　法律行业微信营销方案

1．品牌定位

无论是个人还是团队，营销者本身要具备专业的法律素质，能够准确定位自己的品牌，打造出标准化的服务，这样才能得到用户的认可。

2．避免急功近利

在法律行业进行微信营销往往需要很长的周期，营销者必须摒弃急功近利的玩票心态，这样才能将微信营销进行下去。

3．提升用户体验

注重用户体验，为用户提供有价值、有深度的信息内容和便捷服务，根据用户的喜好来推广自己的产品，以提升用户忠实度。

【实例解读】法宝问答

"法宝问答"微信公众账号是一个法律社交平台，每天它会精心编排一条与生活息息相关的图文信息，为用户推送相关的法律常识，帮助用户解决工作、买房、买车等方面的问题。为了进一步提升用户服务体验，"法宝问答"还设置了关键词回复，用户只要回复 0～9 的数字，就能获取不同类型的法律案例。此外，"法宝问答"微信平台上还设有专业律师客服，为用户提供在线咨询。这些贴心服务得到了用户的一致好评，为其自身树立了良好的口碑。

7.3.6 医疗行业微信营销案例分析

在微博、微信出现之前，医疗行业的营销渠道主要以电视、广播、报纸、杂志等传统媒体平台为主，但是从 2011 年开始，国内许多大中小城市开始全面限制医疗广告，这给医疗行业带来了不小的冲击。现在，越来越多的行业试水微信，那么医疗行业是不是也可以选择这种新颖的营销模式呢？答案是肯定的。微信本身具有的优势，如庞大的用户群、低廉的营销成本、准确的信息送达率等，对医疗行业来说将会是难得的发展机遇，并会为医药行业打开一个全新的营销领域，如图 7-17 所示。

图 7-17 医疗行业微信营销方案

1．积累基础用户

借助二维码来推广微信公众账号，积累一定的基础用户。

2．满足互动需求

在微信平台中融入官网链接、客服系统等，在满足用户互动需求的同时，增加线上消费群的活跃度。

3．设置个性化的微信界面

在微信公众平台上融入便捷的功能，如地理定位、医院周边交通、在线预约等，让用户感受到更直观的服务体验，体现公众账号自身的特色，从而提高用户忠实度。

4．赢得局域内用户的关注

众所周知，医疗行业重在服务，若是能够将自己所在区域内的人群发展为忠实客户，那么这将为我们带来稳定的客户基础。因此，在刚开始做微信营销的时候，大家可以借助地理优势，向周围的人宣传自己的微信公众账号，并广泛搜集当地民众的需求，为他们提供便利的服务，以赢得这些人的信任。

5．建立明晰的客户管理系统

一方面，我们可以借助微信后台数据统计将客户归类管理；另一方面，针对每一位客户，我们要做好详细的私人档案记录。一般来说，医疗行业的客户大多是患者，因此做好患者一对一服务有助于提升医院的信誉度，对医院今后的发展具有促进作用。

【实例解读】佳美口腔

佳美口腔是一家口腔医疗机构的公众账号，它以服务客户为主旨，不仅在微信上开通了预约挂号的功能，还利用"自动回复"设置了许多便民服务。例如，微信用户可以通过回复不同的英文字母参与优惠活动、市场调研活动、专家访谈活动等，回复数字则可以享受微信预约、在线就诊、专家查询等服务。这种便利的"自动回复"加强了佳美口腔与微信用户之间的联系，在服务了用户的同时也提升了佳美口腔的知名度。

7.3.7　制造业微信营销案例分析

制造业与移动互联网的结合已成为大势所趋，以往的粗放式管理模式已不再适合制造业的发展。在移动互联网时代，制造业需要在管理上实现精细化转型，将客户需求管理、生产管理等环节纳入到数据化和结构化的轨道中来，从而实现新时代下的创新型发展，如图 7-18 所示。

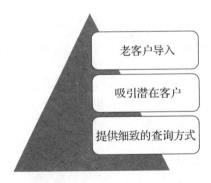

老客户导入

吸引潜在客户

提供细致的查询方式

图 7-18　制造业微信营销方案

1．老客户导入

无论企业规模是大是小，总会有一定比例的老客户。我们需要利用电话、短信、微信等方式，将公众号信息传达给老客户，引导他们进行关注，使其转化为公众号的粉丝。

2．吸引潜在客户

在线下，企业可以在展厅、卖场、客户休息区等地点设置微信二维码，采取扫码优惠等方式，吸引潜在客户进行关注；在线上，企业可以通过自己的官方网站或微博等平台，宣传推广二维码，引导潜在客户进行关注。

3．提供细致的查询方式

工业市场与消费市场迥然不同。前者需要处理海量的工业化数据，客户数量却是较少；后者所需处理的产品数据相对有限，但是客户数量却是非常多。根据工业市场的特点，公众号需要提供更为细致化的功能和服务，以此来满足客户对于大量数据的查询和处理需求。

【实例解读】科通芯城

科通芯城隶属于科通集团，于 2010 年创立，是中国第一家开展中小企业 IC 元器件交易的电商企业。随着移动互联网的不断发展，工业制造业开始呈现出创新性和移动化的特点，科通芯城根据这种新形势，创建了科通云助手微信公众号。

科通云助手具有很多优势，例如，可以使轻消息承载重数据，使交互集中在消息里完成等。这些功能上的优势，不但能够使科通的客户轻松完成查询产品、订单、账务等任务，还可以使他们及时收到通知，开展交互行为，从而大大降低了企业用户的进驻门槛，使得服务效率得以提高。

7.4　交通运输行业

7.4.1　汽车行业微信营销案例分析

现在，加入微信营销大军的行业越来越多，许多车企、车商等汽车行业运营者也不例外。对企业、商家来说，微信公众平台是一个宣传品牌、开展促销活动的有效平台；而对消费者来说，微信公众平台则是一个获知新鲜资讯、联系商家的服务平台。微信不仅加强了商家和消费者之间的联系，还有效节约了商家与消费者的时间、精力、财力，让车市进入了一个"微营销"时代，如图7-19所示。

图 7-19　汽车行业微信营销方案

1．了解客户需求

对于广大车主来说，爱车的保养、年检、保险等都是比较花费精力的事情，鉴于此，商家可以打造一个便捷的微信服务菜单，让客户在微信上就能够查询相关信息、预约服务。此外，如果有条件的话，商家还可以提供微信24小时在线服务，当客户遇到突发事件时，就算是凌晨也能得到及时帮助。这些都是有实际意义的服务，有助于提升客户的信任感。

2．明确自身定位

根据消费者的习惯和关注点制定品牌推广战略，让不同的群体及时了解到品牌信息。在推送信息的时候要注意，推送频率要适中，1天1条为宜。

3．提升用户体验

通过分享汽车小知识、开通微信预约等方式来提升用户的体验，培养用户的忠实度。

4．开展优惠活动

用优惠活动吸引客户关注，积极开拓O2O市场，设置有价值的营销活动，吸引更多客户进行消费。

5．进行交流互动

注重与用户一对一互动，设计用户感兴趣的话题，为用户提供深入、实用、丰富的内容，并充分利用微信中的各项功能，为用户提供贴心的服务。

【实例解读】浙江奥通汽车

在汽车行业中，浙江奥通汽车算是最早开通微信公众账号的4S店，为了提高自身的影响力，它在开通账号后不久就进行了认证，这样一来，用户在搜索同类型的微信公众账号时，能够第一时间看到它。不仅如此，浙江奥通汽车还开设了微信网站，这是一次大胆的尝试，此举措有效地宣传了品牌形象，并拉近了企业与客户之间的距离。在信息推送方面，浙江奥通汽车十分注重图文编排，每一张图片、每一个标题、每一篇文章都会细细筛选，用有价值的内容来吸引用户关注。此外，浙江奥通汽车还借助国际知名汽车品牌在微信公众平台上开展了一次别开生面的创意活动，并设置了个性化十足的奖品，这次活动成功拓宽了营销渠道，使浙江奥通汽车成为同行中口碑与业绩俱佳的典范。

7.4.2　航空行业微信营销案例分析

当航空行业遇到微信，会发生什么呢？机票的销售量变化无疑是最能体现微信营销潜在价值的地方。在业内，机票一向被认为是最容易被标准化的产品。尤其是在电子商务越来越发达的现在，许多航空公司纷纷加大了线上的营销投入。有调查显示，在 B2B、B2C 网站中，航空公司的销售额比重正在以很快的速度不断增加，这种现象告诉我们，机票销售模式逐渐从线下转变到线上，而微信的出现又给机票销售带来了新的营销模式。有业内人士分析：智能手机将成为新的移动电子商务平台，为航空公司、机票销售代理和用户带来更加便捷的交易方式。我们不难想象，在微信营销的推动下，机票销售业务将进入一个更加广阔的领域，如图 7-20 所示。

提供贴心服务

提供人性化服务

开展促销活动

做好客户管理

图 7-20　航空行业微信营销方案

1．提供贴心服务

通过一对一的交流模式为用户提供贴心服务，除了精心打造有价值的信息内容外，还可以借助网页链接，让用户更深入地了解航空公司的相关信息。

2．提供人性化服务

加强微信应用程序的开发，为用户提供更多人性化服务，如航班动态查询、机票预订、城市天气查询等。

3．开展促销活动

借助微信公众平台开展机票促销活动，例如在旅游旺季、节日等特殊的时间段内推出机票打折、秒杀等活动，这样可以有效促进销售。

4．做好客户管理

将客户管理工作做好，及时掌握客户需求，适时调整营销战略。

【实例解读】××航空

××航空是国内比较知名的航空公司，它在微信公众平台上推出机票预订、航班动态、客户服务等功能，客户只要关注其微信公众账号，就可以了解最新航班资讯、目的地天气状况、购买机票等；如果有特殊疑问，还可以在线咨询人工客服。为了回馈客户，××航空还在微信平台上开展限量机票零元秒杀活动，活动范围覆盖国内 50 余条重要航线，有效地吸引了一大批新老客户关注。这些便捷的服务和创意活动为××航空开通了一条新的营销渠道，为其奠定了坚实的客户基础；同时，也大大缓解了××公司地面柜台的服务压力。

7.5　网络行业

7.5.1　互联网企业微信营销案例分析

微信公众号的兴起为互联网企业带来了全新的商机，很多互联网企业利用公众号平台流量多、用户黏度高以及精准推广的优势，展开了新一轮的营销活动。接下来，我们就来看看互联网企业的推广技巧吧，如图 7-21 所示。

多方引流

不做营销，做客服

图 7-21　互联网企业的微信营销方案

1．多方引流

互联网企业公众号的粉丝增长，与企业在各类渠道中的引流策略息息相关。

首先，企业可以通过微博引流的方式，使微博粉丝去关注公众号；其次，企业可以通过积极开展趣味活动，在活动中实现引流，如"小米非常 6+1 你敢挑战吗"互动活动，就是通过趣味答题并设置奖品的方式，吸引粉丝参与，并鼓励他们在参加活动时关注公众号；最后，企业可以通过自己的官网、电商渠道等推广公众号信息，吸引粉丝关注。例如，在粉丝进行购物时，提示他关注公众号即可查询物流情况。此类措施往往会吸引很多粉丝对公众号进行关注。

2．不做营销，做客服

互联网在对公众号进行定位时，最好不要将其定位成营销工具，而是要将其打造成客服平台，为广大客户和潜在客户提供信息咨询、物流查询等服务，提高他们的服务体验，获取他们的支持与好感。

此外，企业在运营公众号时，要强调粉丝参与互动，允许粉丝对产品提出各种修改意见，从而提高粉丝的自由度。

【实例解读】小米的参与感

小米是互联网企业中吸引粉丝、利用粉丝的能手。小米的公众号增粉速度极快，大约在 3 个月就积累了 100 万粉丝，堪称爆炸式增长。公众号之所以取得这么好的成绩，与小米粉丝的支持密不可分。就连小米掌舵人雷军在分析小米成功的原因时都说："因为米粉，所以小米！"可见小米对于粉丝的重视。小米在其经营过程中，经常是以微博做推广，以论坛做客户沉淀，以微信做服务，从而起到了极致化的媒体传播效果，使小米在竞争激烈的市场中立于不败之地。

7.5.2　视频网站微信营销案例分析

随着互联网的不断壮大，各式各样的网站也层出不穷，视频网站就是其中一个发展较为迅速的分支。优酷、土豆、PPTV、爱奇艺、乐视等都是当下广为人们熟知的视频网站，除此之外，一些草根网站也发展得很快。在竞争日益激烈的当下，许多视频网站也纷纷加入到微信营销的队伍中。那么，这些网站如何通过微信来赚钱呢？下面，我们来看一些实用的经验技巧，如图 7-22 所示。

图 7-22　视频网站微信营销方案

1．内容菜单明晰

网络最不缺的就是信息，视频网站要想做好内容营销，就要"抢新""创新"。在打造微信内容时，视频网站应全面掌握当下流行趋势，推送人们关注的热点影视资讯、做好原创。与此同时，视频网站还应根据不同的内容设置清晰明了的菜单，例如最热影视、经典回放等，以方便客户自主选择，为用户带来更好的"微视"体验。

2．语音、视频互动

在微信上与客户沟通，视频网站可以充分利用语音、视频等有趣且便捷的功能，例如，用户在微信上用文字或语音点播影视剧，视频网站就根据用户的需要推送相关视频，这样有助于培养用户的忠诚度。

3．整合 App 功能

许多视频网站都有自己的 App，如果我们能够将 App 上的常用功能整合到微信上，那么微信将会为我们带来一大批有价值的客户。

4．突显视频的故事性特征

大众对于故事的兴趣远远大于说教，所以在我们制作视频时，无论长短，都要尽量讲述一个完整、有趣的故事，这样才能在最大程度上引发关注。

5．突显视频的互动性特征

互动性是移动互联时代的重要特征，对于用户而言，只有充分满足其互动要求，提高参与感，才能引发他们的关注兴趣和传播主动性。

【实例解读】搜狐视频

搜狐视频微信公众账号设有简洁直观的内容菜单，如新鲜资讯、独家热播、综艺节目等，能够满足广大用户的不同需要。另外，它还向用户提供"走着瞧""躺着看"等新颖有趣的特色服务，并注重与用户展开互动，鼓励用户分享或提供精彩视频信息源。这些服务与互动方式有效地提升了用户活跃度，为搜狐视频培养了一大批忠实的用户群。

　　清晰的内容菜单、别致的特色服务、让用户主动参与的互动方式等都是搜狐视频微信营销的亮点，值得其他视频网站学习与借鉴。不得不说，在信息泛滥的科技时代，人们接收信息的速度与方式也变得越来越快，因此打造便捷的服务至关重要。

7.5.3　自媒体微信营销案例分析

　　在移动互联网时代，很多自媒体都在积极开展营销活动，以求推广和宣传自我，形成具有高度黏性和信任度的粉丝群，从而为之后的变现提供基础类支持。而微信拥有极为庞大的用户群，是一种十分重要的自媒体工具，如果运用得宜，将会带来很好的引流效果。下面，我们就来谈几种微信营销的具体方式，如图7-23所示。

图7-23　自媒体微信营销方案

1．文章技巧

　　我们发送的文章分为原创和转发两种，但是无论哪种，都要体现出对用户的价值。例如，在转发文章时要突显互动性特点，引发用户的评论兴趣，甚至可以自己首先进行评论，以此来激起用户的好奇心，吸引用户的关注目光。

2．文案细节

　　文案细节包括内容细节和标题两部分。其中标题最好足够显眼，例如通过专业性词汇、双关语、趣味语等引发关注。而内容上则要尽量避免长篇大论，最好是图文结合，配上具有欣赏价值的美图和风景图，从而使文案显得更为生动。

3．避免单一

　　朋友圈在运用时较为灵活，但是公众号则具有较大的主题限制，我们要尽量打破这种局限，避免出现内容单一化现象。例如，经营网站建设业务的奇亿网络，每天都谈网站建设的知识，就会显得很单一、很枯燥，假如将内容范围扩大到整个网络范畴，谈一些网络营销、网店装修等知识，就会给用户带来全新的体验，引发他们更大的关注兴趣。

4．懂得维护

无论是微信号或是公众号，都要懂得维护。如及时更新账号上的个性签名，对好友验证信息的添加，积极回复用户的提问等。这些做法可以加深用户对账号的正面印象，使用户觉得自己受到了运营者的重视，从而起到稳定用户的作用。

【实例解读】杜蕾斯微信

杜蕾斯曾在微博上大展拳脚，建立了独树一帜的"杜杜"，后来随着微信的火爆，它又在微信平台上创建了杜杜小讲堂、一周问题集锦。接着，杜蕾斯为了更好地展开营销工作，在微信平台上推出了这样一条活动类信息："杜杜已经在后台随机抽中了10位幸运儿，每人将获得新上市的魔法装1份。今晚10点之前，还会送出10份魔法装！如果你是杜杜的老朋友，请回复'我要福利'，杜杜将会继续选出10位幸运儿，敬请期待明天的中奖名单！悄悄告诉你一声，假如世界末日没有到来，在临近圣诞和新年的时候，还会有更多的礼物等你来拿哦。"这个信息一出，不过两个小时，杜杜就在后台收到了数万条"我要福利"的信息，杜蕾斯不过以10盒套装的代价，就换来了几万粉丝的支持。

本章思考题

1. 上文所述行业与微信营销的结合点体现在哪些方面？
2. 不同行业在进行微信营销的过程中，有哪些独特的行业优势？试举例说明。
3. 除了上述行业之外，还有哪些行业适合做微信营销？请举例说明。

实战训练

小米为了重点推荐其新产品小米 Max，在哔哩哔哩网站上举行了一场别开生面的营销活动。查找相关资料，分析这场活动举办的具体原因，并说明这场活动产生的实际效果。